CONCEPTION ET RÉDACTION
DAVID YOSSEF PARIENTÉ
perekchira@gmail.com

CORRECTEUR
BENJAMIN BOKSENBAUM
benjaminboksenbaum@gmail.com

CORRECTRICE
SABINE HELBLING
sabine.helbling@icloud.com

PEREKCHIRA.COM
LE CANTIQUE DE LA CRÉATION

COPYRIGHT © 2023

amazon

SOMMAIRE

L'HISTOIRE DU LIVRE D'ESTHER

Contexte historique 3
Esther, l'héroïne 3
La menace imminente 4
Le complot 4
L'action 4
Les principaux acteurs 5
La discrétion de la Providence Divine 5
Les leçons 6
Conclusion 7

LE LIVRE D'ESTHER EN FRANÇAIS

Chapitre 1 8
Chapitre 2 9
Chapitre 3 11
Chapitre 4 13
Chapitre 5 14
Chapitre 6 15
Chapitre 7 16
Chapitre 8 17
Chapitre 9 19
Chapitre 10 21

RACONTE MOI L'HISTOIRE DE POURIM
QUESTIONS / RÉPONSES

Chapitre 1 22
Chapitre 2 23
Chapitre 3 24
Chapitre 4 25
Chapitre 5 25
Chapitre 6 26
Chapitre 7 27
Chapitre 8 27
Chapitre 9 28
Chapitre 10 29

Quelques lois et pratiques sur la fête de Pourim 31
Proverbes hassidiques sur la joie 32

PSAUME DE POURIM

Le Psaume 22 un remède merveilleux 33
Introduction et lecture du Psaume en français 33
Prière après la lecture 35

מְגִלַּת אֶסְתֵּר

Bénédictions avant la lecture 56
Lecture de la Meguila en hébreu 55
Bénédictions après la lecture 42
Coutume de clôture Séfarade 41
Coutume de clôture Achkénaze 41
Coutume de clôture 'Habad 39

L'HISTOIRE DU LIVRE D'ESTHER

CONTEXTE HISTORIQUE

Le livre d'Esther a été écrit à une époque où les Juifs étaient exilés en Perse après la destruction du Premier Temple de Jérusalem. À cette époque, l'Empire perse était dirigé par le roi Assuérus (ou Xerxès Ier), qui avait étendu son empire à travers l'Asie occidentale jusqu'en Égypte. Les Perses étaient connus pour leur grandeur, leur richesse et leur puissance militaire, et ils étaient également connus pour leur tolérance religieuse envers les minorités.

Cependant, les Juifs étaient souvent victimes de persécutions et de discrimination, en particulier de la part de leurs voisins ammonites et moabites. De plus, l'empire perse avait des tensions avec d'autres nations, notamment les Grecs, et cela a eu un impact sur la vie des Juifs en Perse.

Dans ce contexte historique, le livre d'Esther raconte l'histoire de la reine Esther et de sa mission pour sauver son peuple de l'extermination par le vizir Aman, qui avait persuadé le roi Assuérus de lancer une attaque contre les Juifs. Cette histoire est devenue un symbole de l'importance de la persévérance, de la foi et de la force intérieure pour surmonter les défis et les obstacles.

Ce livre est non seulement un trésor de la littérature juive, mais il a également eu un impact important sur la culture et la société dans son ensemble. C'est une histoire qui a inspiré des générations de personnes à travers le monde, et qui continue de nous parler aujourd'hui. Dans les pages qui suivent, nous allons plonger dans le monde de l'histoire d'Esther, explorer ses thèmes clés, et découvrir pourquoi cette histoire est toujours aussi importante et pertinente aujourd'hui.

ESTHER, L'HÉROÏNE

Esther est la protagoniste du livre d'Esther, l'un des livres des Hagiographes. Elle est décrite comme une belle jeune femme juive qui a été élevée par son cousin, Mardochée, à Suse, la capitale de l'Empire perse. Esther a été choisie par le roi Assuérus pour devenir sa nouvelle reine, après que la précédente reine ait été déposée pour avoir désobéi au roi.

Bien qu'Esther ait été élevée en tant que juive, elle a caché son identité religieuse lorsque le roi Assuérus l'a choisie pour devenir reine. Après avoir été couronnée, Esther a dû naviguer dans sa nouvelle vie en tant que reine de Perse, tout en gardant sa véritable identité secrète. Elle est décrite comme étant très intelligente et pleine de grâce, mais aussi courageuse et déterminée.

Plus tard dans l'histoire, lorsque les Juifs de Perse sont menacés par le complot d'Aman pour les exterminer, Esther doit révéler sa véritable identité et risquer sa vie pour plaider en faveur de son peuple devant le roi. Elle se montre courageuse et déterminée à sauver son peuple, même si cela signifie risquer sa propre vie.

LA MENACE IMMINENTE

Le danger qui pèse sur les Juifs de Perse est dû au complot ourdi par Aman, un haut fonctionnaire de la cour du roi Assuérus, qui a réussi à convaincre le roi de l'empire perse de signer un édit ordonnant l'extermination de tous les Juifs de Perse. La raison de cette menace est liée à la différence religieuse entre les Perses, qui pratiquent le zoroastrisme, et les Juifs, qui pratiquent le judaïsme. Aman considérait les Juifs comme un peuple ennemi et a décidé de les éliminer.

Esther peut aider à sauver les Juifs en utilisant sa position privilégiée en tant que reine de Perse pour plaider en leur faveur auprès du roi Assuérus et l'inciter à annuler l'édit d'extermination. Mais cela n'est pas facile car Esther doit risquer sa vie pour aller voir le roi sans y être invitée, ce qui était considéré comme un acte de trahison. Elle doit donc faire preuve de courage et de prudence pour persuader le roi d'annuler l'édit et sauver son peuple.

LE COMPLOT

Le complot pour éliminer les Juifs de Perse a été conçu par Aman, un haut fonctionnaire de la cour du roi Assuérus. Aman était en colère contre Mardochée, un Juif respecté qui avait refusé de se prosterner devant lui, et a donc décidé de se venger en tuant tous les Juifs de Perse. Aman a persuadé le roi Assuérus de promulguer un édit ordonnant l'extermination des Juifs, qui a été diffusé dans tout l'empire perse.

Mardochée a appris l'existence de ce complot grâce à sa nièce Esther, qui avait été couronnée reine de Perse. Esther avait gardé secrète sa judéité, mais Mardochée lui a révélé le complot et l'a suppliée d'intercéder en faveur de son peuple auprès du roi. Esther a risqué sa vie en se présentant devant le roi sans y avoir été convoquée, mais elle a réussi à gagner sa faveur et à obtenir l'annulation de l'édit d'extermination.

L'ACTION

Après avoir découvert le complot, Esther prend une décision courageuse: elle décide de risquer sa propre vie pour sauver son peuple. Elle demande à Mardochée de rassembler tous les Juifs de Suse et de jeûner pendant trois jours, tandis qu'elle-même jeûne et prie. Après cela, elle se présente devant le roi sans y être invitée, risquant ainsi d'être mise à mort. Heureusement, le roi l'accueille favorablement et elle gagne sa faveur.

Esther utilise sa position privilégiée pour convaincre le roi de faire échouer le plan de Aman. Elle organise un grand banquet où elle invite le roi et Aman, et elle utilise cet événement pour exposer le complot de Aman. Le roi, indigné, ordonne l'exécution de Aman et la promotion de Mardochée. Mais Esther ne s'arrête pas là: elle demande au roi d'émettre un décret qui permettra aux Juifs de se défendre contre leurs ennemis le jour où le complot était prévu, le jour de Pourim.

Malgré le danger et les obstacles, Esther reste loyale envers son peuple et agit avec courage pour le sauver. Sa foi et sa détermination sont essentielles pour accomplir cette tâche difficile.

LES PRINCIPAUX ACTEURS

Esther, également connue sous le nom d'Hadassah, est l'héroïne du livre d'Esther. Elle est une belle jeune fille juive qui est choisie pour être la reine du roi perse Assuérus. Esther est décrite comme étant sage, intelligente et courageuse. Elle est élevée par son cousin Mardochée après la mort de ses parents, et c'est lui qui la persuade de cacher son identité juive lorsqu'elle devient la reine.

Mardochée est un personnage clé du livre d'Esther. Il est le cousin et le tuteur d'Esther. Il est décrit comme étant sage, loyal et patriote. Il a également un sens aigu de la justice, et c'est son refus de se prosterner devant Aman qui déclenche l'intrigue du livre.

Aman est l'antagoniste principal du livre d'Esther. Il est le favori du roi Assuérus et travaille comme conseiller en chef. Aman est décrit comme étant arrogant, ambitieux et méchant. Il déteste les Juifs, en particulier Mardochée, qui refuse de se prosterner devant lui. Aman conspire pour éliminer tous les Juifs de l'Empire perse, ce qui conduit à l'intrigue centrale du livre.

D'autres personnages clés incluent le roi Assuérus, qui est souvent dépeint comme étant influençable et imprudent, ainsi que les sept eunuques qui servent le roi et ont un rôle important dans l'histoire.

LA DISCRÉTION DE LA PROVIDENCE DIVINE

Le fait que le Nom de Dieu ne soit pas mentionné une seule fois dans le livre d'Esther est considéré par de nombreux commentateurs, comme un message important pour les générations à venir. Ce silence sur le Nom de Dieu, qui contraste avec la fréquence de son usage dans d'autres livres de la Torah, est considéré comme une manière de souligner l'intervention discrète mais vitale de la Providence Divine dans la vie du peuple juif.

Le livre d'Esther est l'histoire d'un peuple confronté à une grande crise, mais qui est sauvé par la Providence de Dieu, qui agit de manière subtile et indirecte à travers les actions des personnages humains. Cette intervention discrète de Dieu souligne l'importance de la foi, de la prière et de l'engagement envers Dieu dans les moments difficiles, même lorsqu'il semble que Dieu ne soit pas présent ou ne réponde pas directement à nos prières.

La discrétion de la Providence Divine dans le livre d'Esther souligne également l'attachement et l'amour que Dieu éprouve pour son peuple, même lorsqu'Il ne le manifeste pas de manière évidente ou spectaculaire. Dieu est présent dans l'histoire du peuple juif, même si son Nom n'est pas mentionné, et Il agit pour le salut de Son peuple de manière indirecte et subtile.

La coutume de se déguiser le jour de Pourim est également liée à l'idée du voilement de Dieu dans le livre d'Esther. En se déguisant, les Juifs rappellent que Dieu est présent dans leur vie, même s'Il est caché, et que Sa Providence travaille en coulisses pour les protéger. Les costumes et les masques portés pendant la fête symbolisent le fait que les événements peuvent ne pas être ce qu'ils semblent être à première vue, et que la main de Dieu peut être cachée derrière des apparences trompeuses.

Cette coutume de se déguiser peut également nous rappeler l'importance de ne pas juger les autres sur la base des apparences, car nous ne savons pas ce qui se cache derrière leur masque ou leur déguisement. Comme dans le livre d'Esther, où les personnages révèlent leur véritable nature au fil de l'histoire, nous devons être prêts à regarder au-delà des apparences et à chercher la vérité dans les actions et les paroles des autres.

En fin de compte, la fête de Pourim nous rappelle que Dieu est présent dans notre vie même lorsque nous ne le voyons pas, et que nous pouvons avoir confiance en Sa Providence et en Son amour. En se déguisant et en célébrant cette fête, nous célébrons également notre attachement à notre tradition et à notre communauté, ainsi que notre gratitude pour les miracles qui se produisent dans notre vie, même s'ils sont parfois cachés à nos yeux.

LES LEÇONS

Le thème du courage est développé tout au long du livre d'Esther, en particulier à travers le personnage d'Esther. Malgré les risques encourus, Esther a le courage de se présenter devant le roi pour sauver son peuple. Cela montre l'importance de prendre position pour ce qui est juste, même lorsque cela peut être dangereux.

La loyauté est également un thème important dans le livre d'Esther. Mardochée est loyal envers le roi en dénonçant un complot contre lui, et Esther est loyale envers son peuple en risquant sa vie pour les sauver. Cela souligne l'importance de la loyauté envers les personnes et les causes qui nous tiennent à cœur.

La justice est également un thème clé du livre d'Esther. Les actions de Aman sont injustes et motivées par son désir de pouvoir et de vengeance personnelle. Cependant, la justice Divine prévaut à la fin lorsque Aman est puni pour ses actes malveillants. Cela souligne l'importance de la justice et de l'équité dans la société.

Le pouvoir est un autre thème important dans le livre d'Esther. Le roi Assuérus est un personnage puissant, mais il est influencé par les personnes qui l'entourent, en particulier Aman. Cela montre que le pouvoir peut être facilement corrompu et utilisé pour des motifs personnels, et souligne l'importance de la responsabilité et de l'intégrité dans l'exercice du pouvoir.

Le livre d'Esther met en lumière la foi inébranlable des Juifs en Dieu et en sa protection, même en période de persécution et de danger. Cette détermination et cette confiance en Dieu face aux difficultés sont des exemples inspirants pour les lecteurs d'aujourd'hui. L'histoire souligne l'importance de la foi pour faire face aux défis de la vie et surmonter les obstacles. De plus, le livre d'Esther nous enseigne que même dans les moments les plus sombres de notre vie, Dieu est présent et que nous pouvons compter sur sa Providence et son amour. Comme l'a dit Rabbi Mena'hem Mendel de Kotzk, "Le livre d'Esther est comme un voile qui cache la face de Dieu. Mais si on regarde avec des yeux attentifs, on peut voir la main de Dieu travailler en coulisses." Ainsi, la lecture du livre d'Esther peut nous aider à renforcer notre foi et notre confiance en Dieu, en nous montrant que la Providence Divine agit souvent de manière subtile mais vitale dans notre vie.

CONCLUSION

Le livre d'Esther est une histoire captivante qui présente une intrigue complexe et des personnages mémorables. Le livre met en évidence les thèmes de la justice, du pouvoir, de la foi et de la loyauté, tout en offrant un aperçu fascinant de la culture et des coutumes juives et perses de l'époque. Les personnages tels que Mardochée et Esther, illustrent des exemples de courage, de détermination et de persévérance, qui sont pertinents pour les lecteurs d'aujourd'hui.

Ce récit est également important pour la culture juive, car il raconte l'histoire de la délivrance miraculeuse du peuple juif de l'extermination par les Perses. Cette histoire est commémorée chaque année lors de la fête de Pourim, qui est célébrée avec des lectures publiques du livre d'Esther, des fêtes et des dons aux pauvres.

En conclusion, le livre d'Esther nous enseigne que la Providence Divine peut être discrète mais reste vitale pour notre salut, même si le Nom de Dieu n'est pas mentionné dans le récit. Nous sommes appelés à avoir confiance en Dieu, à prier et à rester fidèles à notre foi, même dans les moments difficiles où il semble que Dieu ne soit pas présent. En fin de compte, le livre d'Esther nous rappelle que Dieu agit pour notre bien, même si nous ne pouvons pas toujours voir Sa main à l'œuvre.

LE LIVRE D'ESTHER

CHAPITRE 1

Le premier chapitre du livre d'Esther nous relate la fête fastueuse organisée par le roi Assuérus pour célébrer sa richesse et son pouvoir sur les cent vingt-sept provinces de son empire. Nous assistons également au refus de la reine Vasthi de se soumettre aux désirs du roi, qui provoque la colère du monarque et la mise en place d'un nouveau plan pour choisir une nouvelle reine. Ce passage, riche en détails sur la vie de cour et les coutumes de l'époque, met en lumière les enjeux de pouvoir et de respect de l'autorité, ainsi que le courage et la force des personnages féminins dans l'histoire.

Le roi Assuérus organise un festin somptueux pour les grands, les serviteurs et les gouverneurs de toutes les provinces de son empire.

1 Ce fut au temps d'Assuérus, de ce même Assuérus qui régnait, de l'Inde à l'Ethiopie, sur cent vingt-sept provinces. 2 En ce temps-là, le roi Assuérus était établi sur son trône royal, dans Suse la capitale, 3 il donna, dans la troisième année de son règne, un festin à l'ensemble de ses grands et de ses serviteurs, à l'armée de Perse et de Médie, aux satrapes et aux gouverneurs des provinces [réunis] en sa présence, 4 étalant la richesse de son faste royal et la rare magnificence de sa grandeur cela pendant une longue durée de cent quatre-vingts jours.

Le roi organise un festin pour la population de Suse et la reine organise un festin pour les femmes.

5 Lorsque ces jours furent révolus, le roi donna à toute la population présente à Suse, la capitale, aux grands comme aux petits, un festin de sept jours dans les dépendances du parc du palais royal. 6 Ce n'étaient que tentures blanches, vertes et bleu de ciel, fixées par des cordons de byssus et de pourpre sur des cylindres d'argent et des colonnes de marbre; des divans d'or et d'argent sur des mosaïques de porphyre, de marbre blanc, de nacre et de marbre noir. 7 Les boissons étaient offertes dans des vases d'or, qui présentaient une grande variété; et le vin royal était abondant, digne de la munificence du roi. 8 On buvait à volonté, sans aucune contrainte; car le roi avait recommandé à tous les officiers de sa maison de se conformer au désir de chacun. 9 La reine Vasthi donna, de son côté, un festin aux femmes dans le palais royal appartenant au roi Assuérus. 10 Le septième jour, comme le cœur du roi était mis en liesse par le vin, il ordonna à Mehouman, Bizzeta, Harbona, Bigta, Abagta, Zêtar et Carcas (les sept eunuques qui étaient de service auprès du roi Assuérus), 11 d'amener devant le roi la reine Vasthi, ceinte de la couronne royale, dans le but de faire voir sa beauté au peuple et aux grands; car elle était remarquablement belle. 12 Mais la reine Vasthi refusa de se présenter, suivant l'ordre du roi transmis par les eunuques. Le roi en fut très irrité, et sa colère s'enflamma.

La recherche d'une nouvelle reine et les recommandations des sages quant à la manière de traiter les femmes pour éviter les problèmes à l'avenir.

13 Puis le roi, s'adressant aux sages, initiés à la connaissance des temps car c'est ainsi que les affaires du roi étaient portées devant ceux qui connaissent la loi et le droit; 14 et ceux qui l'approchaient de plus près, c'étaient Carchena, Chêtar, Admata, Tarchich, Mérés, Marsena, Memoukhan, les sept seigneurs qui avaient accès auprès de la personne du roi et tenaient le premier rang dans le royaume 15 le roi demanda quel traitement méritait, d'après la loi, la reine Vasthi, pour avoir désobéi à l'ordre du roi Assuérus, communiqué par les eunuques. 16 Alors Memoukhan s'exprima ainsi devant le roi et les seigneurs: "Ce n'est pas seulement envers le roi que la reine Vasthi s'est rendue coupable, mais encore contre tous les grands et contre toutes les nations qui peuplent les provinces du roi Assuérus; 17 car l'incident de la reine, venant à la connaissance de toutes les femmes, aura pour effet de déconsidérer leurs maris à leurs yeux, puisqu'on dira: "Le roi Assuérus avait donné ordre d'amener la reine Vasthi en sa présence, et elle n'est pas venue!" 18 Et aujourd'hui même, les grandes dames de Perse et de Médie, qui ont appris l'incident de la reine, en parleront à tous les dignitaires du roi, et de là naîtront force avanies et querelles irritantes. 19 Si donc tel est le bon plaisir du roi, qu'un rescrit royal, émané de lui et consigné dans les lois de Perse et de Médie, de façon à ne pouvoir être rapporté, dispose que Vasthi ne paraîtra plus devant le roi Assuérus, et que sa dignité royale sera conférée par le roi à une autre femme valant mieux qu'elle. 20 L'ordonnance que rendra le roi sera connue dans tout son royaume, qui est si vaste, et alors toutes les femmes témoigneront du respect à leurs maris, du plus grand au plus petit." 21 Cet avis parut excellent aux yeux du roi et des seigneurs, et le roi agit conformément aux paroles de Memoukhan. 22 Il expédia des lettres dans toutes les provinces royales, dans chaque province selon son système d'écriture et dans chaque peuplade selon son idiome, [pour ordonner] que tout homme serait maître dans sa maison et s'exprimerait dans la langue de sa nation.

CHAPITRE 2

Le deuxième Chapitre nous relate la recherche d'une nouvelle reine pour remplacer Vasthi qui a été répudiée par le roi Assuérus. Le roi ordonne donc la recherche des jeunes filles vierges les plus belles du royaume afin de choisir une nouvelle reine. Esther, une jeune fille juive qui vit à Suse, est l'une des candidates sélectionnées. Elle est élevée par son oncle Mardochée depuis la mort de ses parents et il lui conseille de garder son identité secrète. Esther plaît au roi Assuérus et il la choisit comme sa nouvelle reine. Cependant, Esther ne révèle pas sa véritable identité, conformément aux instructions de son oncle. Ce chapitre introduit les personnages clés de l'histoire et plante les graines de la trame de l'histoire qui se déroulera tout au long du livre.

Le roi Assuérus cherche une nouvelle reine pour remplacer Vasthi.

1 Après ces événements, quand la colère du roi Assuérus fut tombée, il se souvint de Vasthi, de ce qu'elle avait fait et de la sentence prononcée contre elle. 2 Alors les courtisans du roi, attachés à son service, dirent: "Qu'on recherche pour le roi des jeunes filles vierges, belles de visage, 3 et que le roi institue des fonctionnaires dans toutes les provinces de son royaume, chargés de rassembler toutes les jeunes filles vierges, d'un bel extérieur, à Suse, la capitale, dans le palais des femmes, sous la direction de Hêghé, eunuque du roi, gardien des femmes, pour que celui-ci leur fournisse les apprêts de leur toilette; 4 et la jeune fille qui plaira le plus au roi, qu'elle devienne reine à la place de Vasthi!" La chose fut approuvée par le roi, et il en décida ainsi.

Introduction de Mardochée et d'Esther.

5 Or, à Suse, la capitale, vivait un homme originaire de Judée, portant le nom de Mardochée, fils de Yaïr, fils de Séméi, fils de Kich, de la tribu de Benjamin. 6 Il avait été déporté de Jérusalem avec les captifs emmenés de Jérusalem en même temps que Ieconia, roi de Juda, par Nabuchodonosor, roi de Babylone. 7 Il était le tuteur de Hadassa, c'est-à-dire d'Esther, fille de son oncle, qui n'avait plus ni père ni mère; cette jeune fille était belle de taille et belle de visage. A la mort de son père et de sa mère, Mardochée l'avait adoptée comme sa fille.

Le roi Assuérus accorde des faveurs à Esther et Mardochée.

8 Lors donc que furent publiés l'ordre du roi et son édit et qu'on réunit nombre de jeunes filles à Suse, la capitale, sous la direction de Hêgaï, Esther fut, elle aussi, emmenée au palais du roi et confiée à la direction de Hêgaï, gardien des femmes. 9 La jeune fille lui plut beaucoup et gagna ses bonnes grâces; aussi s'empressa-t-il de lui procurer les objets nécessaires à sa toilette et à son entretien, ainsi que les sept suivantes que devait lui fournir la maison du roi, et il lui témoigna, à elle et à ses suivantes, une faveur exceptionnelle dans le harem. 10 Esther n'avait fait connaître ni son peuple, ni son origine, Mardochée lui ayant recommandé de n'en rien faire. 11 Et chaque jour Mardochée arpentait les abords de la cour du harem, pour s'informer du bien-être d'Esther et de ce qui advenait d'elle. 12 Or, quand arrivait le tour d'une des jeunes filles de se présenter devant le roi Assuérus, après le délai réglementaire assigné aux femmes, c'est-à-dire après douze mois révolus, car ce temps était pris par les soins de leur toilette, dont six mois pour l'emploi de l'huile de myrrhe et six mois pour l'emploi des aromates et des essences à l'usage des femmes 13 alors la jeune fille se rendait auprès du roi, et tout ce qu'elle demandait à emporter avec elle du harem dans la maison du roi lui était accordé. 14 Le soir elle

venait et le matin elle rentrait dans un autre harem, confié à la surveillance de Chaachgaz, eunuque du roi, gardien des concubines. Elle ne retournait plus chez le roi, à moins que celui-ci ne voulût d'elle, auquel cas elle était mandée nominativement. 15 Lorsque le tour d'Esther, fille d'Abihaïl, oncle de Mardochée, lequel l'avait adoptée comme sa fille, fut venu de paraître devant le roi, elle ne demanda rien en dehors de ce que proposait Hêgaï, eunuque du roi, gardien des femmes; et Esther s'attira les sympathies de tous ceux qui la voyaient. 16 Esther fut donc conduite au roi Assuérus, dans son palais royal, le dixième mois, qui est le mois de Tébêt, la septième année de son règne. 17 Le roi se prit d'affection pour Esther plus que pour toutes les autres femmes; mieux que toutes les jeunes filles elle gagna ses bonnes grâces et sa bienveillance. Il posa la couronne royale sur sa tête et la proclama reine à la place de Vasthi.

Esther devient reine et Mardochée découvre un complot contre le roi.

18 Puis le roi donna un grand festin à tous ses grands et officiers, festin en l'honneur d'Esther; il accorda des allégements aux provinces et distribua des cadeaux, dignes de la munificence royale. 19 Lors du second rassemblement des jeunes filles, Mardochée était assis à la porte du roi. 20 Esther ne révéla ni son peuple ni son origine, comme le lui avait recommandé Mardochée, Esther se conformant aux instructions de Mardochée, tout comme si elle était encore sous sa tutelle. 21 A cette époque, alors que Mardochée se tenait à la porte du roi, Bigtân et Térech, deux des eunuques du roi, préposés à la garde du seuil, conçurent un violent ressentiment et cherchèrent à attenter à la vie du roi Assuérus. 22 Mardochée eut connaissance du complot et en informa la reine Esther, qui en fit part au roi au nom de Mardochée. 23 Une enquête fut ouverte, qui confirma la chose; les deux [coupables] furent pendus à une potence, et le fait fut consigné dans le livre des annales, en présence du roi.

CHAPITRE 3

Dans ce troisième chapitre, nous sommes plongés dans le récit de l'histoire de Mardochée, un Juif qui ne se prosterne pas devant le haut fonctionnaire Aman, ce qui suscite la colère de ce dernier. Aman, qui a été élevé à la plus haute dignité par le roi Assuérus, décide de prendre sa revanche en lançant un décret visant à exterminer tous les Juifs établis dans le royaume d'Assuérus. Ainsi, nous assistons à la mise en place d'un complot diabolique visant à anéantir une nation entière, qui se déroule sous les yeux du roi et des autres fonctionnaires de la cour royale. Ce chapitre nous plonge dans l'intrigue et la tension, alors que nous attendons de voir comment Mardochée et les autres Juifs vont réagir face à cette menace imminente qui pèse sur eux.

Les événements qui ont conduit à la décision d'Aman

A la suite de ces événements, le roi Assuérus éleva Aman, fils de Hamedata, l'Agaghite, en l'appelant à la plus haute dignité, et lui

> de détruire tous les juifs établis dans le royaume d'Assuérus, y compris Mardochée qui ne s'agenouille ni ne se prosterne pas devant lui.

attribua un siège au-dessus de tous les seigneurs attachés à sa personne. 2 Tous les serviteurs du roi, admis à la cour royale, s'agenouillaient et se prosternaient devant Aman, car tel était l'ordre donné par le roi en son honneur; mais Mardochée ne s'agenouillait ni ne se prosternait. 3 Les serviteurs du roi, admis à la cour royale, dirent à Mardochée: "Pourquoi transgresses-tu l'ordre du roi?" 4 Comme ils lui faisaient cette observation jour par jour sans qu'il en tînt compte, ils dénoncèrent le fait à Aman, pour voir si les propos de Mardochée auraient quelque valeur; car il leur avait raconté qu'il était juif. 5 Aman, s'apercevant que Mardochée ne s'agenouillait ni se prosternait devant lui, fut rempli d'une grande colère. 6 Mais il jugea indigne de lui de s'en prendre au seul Mardochée, car on lui avait fait savoir de quelle nation il était. Aman résolut donc d'anéantir tous les juifs établis dans le royaume d'Assuérus, la nation entière de Mardochée.

> La proposition d'Aman à Assuérus de faire périr tous les juifs, l'obtention de l'ordre écrit pour cela et sa diffusion dans tout le royaume.

7 Le premier mois, qui est le mois de Nissan, dans la douzième année du règne d'Assuérus, on consulta le POUR, c'est-à-dire le sort, devant Aman, en passant d'un jour à l'autre et d'un mois à l'autre jusqu'au douzième mois, qui est le mois d'Adar. 8 Puis Aman dit au roi Assuérus: "Il est une nation répandue, disséminée parmi les autres nations dans toutes les provinces de ton royaume; ces gens ont des lois qui diffèrent de celles de toute autre nation; quant aux lois du roi, ils ne les observent point: il n'est donc pas de l'intérêt du roi de les conserver. 9 Si tel est le bon plaisir du roi, qu'il soit rendu un ordre écrit de les faire périr, et moi, je mettrai dix mille kikkars d'argent à la disposition des agents [royaux] pour être versés dans les trésors du roi." 10 Le roi ôta son anneau du doigt et le remit à Aman, fils de Hamedata, l'Agaghite, le persécuteur des juifs. 11 Et le roi dit à Aman: "Je t'abandonne à la fois l'argent et cette nation, dont tu feras ce que bon te semblera." 12 On convoqua les scribes du roi le treizième jour du premier mois, et un message fut rédigé, d'après les prescriptions d'Aman, à l'adresse des satrapes du roi, des gouverneurs de chaque province et des seigneurs de chaque nation en conformité avec le système d'écriture de chaque nation et l'idiome de chaque peuple; le message était écrit au nom du roi et scellé du sceau royal. 13 Et par les courriers, les lettres furent expédiées dans toutes les provinces du roi, [ordonnant] de détruire, exterminer et anéantir tous les juifs jeunes et vieux, enfants et femmes en un seul jour, à savoir le treizième jour du douzième mois, qui est le mois d'Adar, et de faire main basse sur leur butin. 14 La teneur de l'écrit [portait] qu'un ordre fût pro-

mulgué dans chaque province et porté à la connaissance de tous les peuples de se tenir prêts pour ce jour.

15 Les courriers partirent en toute hâte par ordre du roi, et dans Suse, la capitale; l'édit fut [aussi] publié. Le roi et Aman s'attablèrent pour boire, tandis que la ville de Suse était dans la consternation.

La consternation de la ville de Suse après la diffusion de l'ordre, alors que le roi et Aman s'attablent pour boire.

CHAPITRE 4

Dans ce quatrième chapitre, nous assistons aux réactions de Mardochée et du peuple juif face à l'édit d'Aman visant à les exterminer. Mardochée se couvre de cendres et de cilice et parcourt la ville en poussant des cris amers, tandis que le peuple juif observe des jeûnes, pleure et se lamente. De son côté, Esther est bouleversée par la nouvelle et tente de trouver une solution pour sauver son peuple. Malgré les risques encourus, elle décide de se présenter au roi pour présenter une supplique en faveur des juifs. Ce chapitre illustre la tension et l'urgence de la situation, ainsi que le courage et la détermination d'Esther pour défendre son peuple.

La réaction de Mardochée à l'édit du roi et son conseil à Esther pour sauver le peuple juif.

1 Or, Mardochée, ayant eu connaissance de tout ce qui s'était passé, déchira ses vêtements, se couvrit d'un cilice et de cendres et parcourut la ville en poussant des cris véhéments et amers. 2 Il arriva jusqu'aux abords de la porte du roi; car il ne pouvait s'approcher de la porte du roi revêtu d'un cilice. 3 Et dans chacune des provinces, partout où parvinrent l'ordre du roi et son édit, ce fut un grand deuil pour les juifs, accompagné de jeûnes, de pleurs et de lamentations; la plupart s'étendirent sur un cilice et sur des cendres. 4 Les suivantes d'Esther et ses eunuques vinrent lui raconter la chose, et la reine en fut toute bouleversée. Elle envoya des vêtements pour les mettre à Mardochée, en enlevant son cilice; mais il ne les accepta point. 5 Alors Esther appela Hatac, un des eunuques du roi qu'on avait attaché à son service, et le dépêcha à Mardochée pour savoir ce que cela voulait dire et pourquoi cette manière d'agir. 6 Hatac se rendit auprès de Mardochée, sur la place publique de la ville qui s'étendait devant la porte du roi; 7 et Mardochée lui fit part de tout ce qui lui était advenu ainsi que du montant de la somme d'argent qu'Aman avait promis de verser dans les trésors du roi, en vue des juifs qu'il voulait faire périr. 8 Il lui remit aussi le texte de l'ordre écrit qui avait été promulgué à Suse de les exterminer, pour le montrer à Esther et la mettre au courant, et pour lui recommander de se rendre chez le roi, afin de lui présenter une supplique et de le solliciter en faveur de son peuple. 9 Hatac revint et rapporta à Esther les paroles de Mardochée. 10 Mais Esther dit à Hatac, en le chargeant de transmettre sa réponse à Mardochée: 11 "Tous les serviteurs du roi et la po-

pulation des provinces du roi savent que toute personne, homme ou femme, qui pénètre chez le roi, dans la cour intérieure, sans avoir été convoquée, une loi égale pour tous la rend passible de la peine de mort; celui-là seul à qui le roi tend son sceptre d'or a la vie sauve. Or, moi, je n'ai pas été invitée à venir chez le roi voilà trente jours." 12 Les paroles d'Esther ayant été communiquées à Mardochée, 13 celui-ci dit de porter cette réponse à Esther: "Ne te berce pas de l'illusion que, seule d'entre les juifs, tu échapperas au danger, grâce au palais du roi; 14 car si tu persistes à garder le silence à l'heure où nous sommes, la délivrance et le salut surgiront pour les juifs d'autre part, tandis que toi et la maison de ton père vous périrez. Et qui sait si ce n'est pas pour une conjoncture pareille que tu es parvenue à la royauté?"

La décision d'Esther d'aller voir le roi pour plaider en faveur de son peuple, malgré le danger encouru, et la préparation pour cette rencontre.

15 Alors Esther fit porter cette réponse à Mardochée: 16 "Va rassembler tous les juifs présents à Suse, et jeûnez à mon intention; ne mangez ni ne buvez pendant trois jours ni jour ni nuit moi aussi avec mes suivantes, je jeûnerai de la même façon. Et puis je me présenterai au roi, et si je dois périr, je périrai!" 17 Mardochée se retira et exécuta strictement ce que lui avait ordonné Esther.

CHAPITRE 5

Le cinquième chapitre relate la décision d'Esther de plaider en faveur de son peuple juif devant le roi, malgré le danger encouru. Elle se prépare pour cette rencontre en se revêtant de ses atours de reine et en organisant un festin auquel le roi et Aman sont conviés. Lors du festin, le roi offre à Esther de lui accorder tout ce qu'elle souhaite, même la moitié du royaume. Esther formule alors sa demande et invite à nouveau le roi et Aman à un autre festin le lendemain. Cependant, la joie d'Aman est de courte durée car il se met en colère contre Mardochée qui ne s'est pas levé devant lui à la porte du roi. Aman décide alors de faire pendre Mardochée sur une potence haute de cinquante coudées.

Esther se présente devant le roi et lui demande de venir à un festin qu'elle a préparé pour lui et pour Aman.

1 Le troisième jour, Esther se revêtit de ses atours de reine et se présenta dans la cour intérieure du palais du roi, en face du palais du roi. Celui-ci était assis sur son trône royal, dans le palais de la royauté, vis-à-vis de l'entrée du palais. 2 Lorsque le roi aperçut Esther debout dans la cour, elle éveilla sa sympathie, et le roi tendit à Esther le sceptre d'or qu'il tenait en main. Esther s'avança et toucha l'extrémité du sceptre. 3 Le roi lui dit: "Qu'y a-t-il, reine Esther? Que demandes-tu? Quand ce serait la moitié du royaume, elle te serait accordée." 4 Esther répondit: "Si tel est le bon plaisir du roi, que le roi, ainsi qu'Aman, assiste aujourd'hui au festin que j'ai préparé à son intention." 5 Le roi dit: "Cherchez vite Aman, pour que s'accomplisse le désir d'Esther." Et le roi se rendit avec Aman au festin préparé par Esther. 6 Au cours du festin, le roi dit à Esther: "Formule ta demande, et elle te sera accordée; dis ce que tu

souhaites: quand ce serait la moitié du royaume, tu l'obtiendrais." 7 Esther répliqua et dit: "Ma demande et ma requête, les voici: 8 si j'ai trouvé grâce aux yeux du roi et s'il plaît au roi d'agréer ma demande et d'accéder à ma requête, que le roi veuille se rendre avec Aman au festin que je veux leur préparer, et demain je me conformerai à la volonté du roi."

Aman est rempli de colère contre Mardochée, un juif qui ne se lève ni ne bouge devant lui. Aman décide de faire construire une potence pour pendre Mardochée et demande au roi de le lui accorder.

9 Ce jour-là Aman se retira, joyeux et le cœur content mais quand Aman vit, à la porte du roi, Mardochée qui ne se levait ni ne bougeait devant lui, il fut rempli de colère contre Mardochée. 10 Toutefois Aman se contint et rentra chez lui; aussitôt il fit venir ses amis et sa femme Zérech. 11 Aman leur exposa la splendeur de sa fortune et la multitude de ses enfants, et comment le roi l'avait distingué et élevé au-dessus des grands et des officiers royaux; 12 et Aman ajouta: "Bien plus, je suis le seul que la reine Esther ait invité avec le roi au festin qu'elle a préparé; et demain encore je suis convié par elle avec le roi. 13 Mais tout cela est sans prix à mes yeux, tant que je vois ce juif Mardochée assis à la porte du roi." 14 Sa femme Zérech et tous ses amis lui répondirent: "Qu'on dresse une potence, haute de cinquante coudées; et demain matin parle au roi; pour qu'on y pende Mardochée. Alors tu iras joyeusement avec le roi au festin." Le conseil plut à Aman, et il fit dresser la potence.

CHAPITRE 6

Dans ce sixième chapitre, nous assistons à la suite des événements qui ont conduit à la promotion de Mardochée et à la chute d'Aman. Le roi Assuérus, tourmenté par l'insomnie, ordonne la lecture des annales et y découvre que Mardochée a sauvé sa vie en dénonçant une tentative d'assassinat ourdie par deux de ses eunuques. Intrigué par le fait que Mardochée n'a pas encore été récompensé, le roi demande à son conseil ce qu'il convient de faire. Pendant ce temps, Aman, qui prépare la potence pour Mardochée, arrive dans la cour pour demander l'autorisation de le pendre. Le roi, cependant, a d'autres plans pour Mardochée et ordonne à Aman de lui accorder les honneurs qu'il mérite. Ainsi, Mardochée est promené en grande pompe à travers la ville sur un cheval royal, suscitant l'admiration de tous les habitants. Pendant ce temps, Aman tombe dans un piège tendu par les ennemis de Mardochée et est conduit par les eunuques du roi au festin préparé par Esther. Ce chapitre est riche en rebondissements et en intrigues politiques, témoignant de la complexité des relations de pouvoir dans la cour du roi Assuérus.

La reconnaissance de Mardochée par le roi Assuérus.

1 Cette même nuit, comme le sommeil fuyait le roi, il ordonna d'apporter le recueil des annales relatant les événements passés, et on en fit la lecture devant le roi. 2 On y trouva consigné ce fait que Mardochée avait dénoncé Bigtana et Térech, deux des eunuques du roi, préposés à la garde du seuil, qui avaient résolu d'attenter à la vie du roi Assuérus. 3 "Quel honneur, demanda le roi, et quelle dignité a-t-on décernés à Mardochée pour cela? rien n'a été fait pour lui", répondirent les pages du roi, chargés du service. 4 Le

roi interrogea: "Qui est-ce qui est dans la cour?" Or, Aman venait d'entrer dans la cour extérieure du palais royal pour demander au roi qu'on pendit Mardochée à la potence, dressée à son intention. 5 Les pages du roi lui dirent "Voilà Aman qui se tient dans la cour. Qu'il entre!" dit le roi. 6 Aman étant entré, le roi lui dit: "Que convient-il de faire pour l'homme que le roi désire honorer?" Et Aman de se dire à part soi: "Est-il quelqu'un à qui le roi tienne à rendre plus d'honneurs qu'à moi-même?" 7 Aman répondit donc au roi: "S'il est un homme que le roi ait à cœur d'honorer, 8 qu'on fasse venir un vêtement royal qu'a porté le roi et un cheval que le roi a monté et sur la tête duquel figure une couronne royale; 9 que l'on confie le vêtement et le cheval à l'un des seigneurs du roi, des hauts dignitaires, pour qu'on mette le vêtement à l'homme que le roi veut honorer, qu'on le promène sur le cheval par la grande place de la ville, en le faisant précéder de cette proclamation: "Voilà ce qui se fait pour l'homme que le roi veut honorer!" 10 Va vite, dit le roi à Aman, prendre le vêtement et le cheval dont tu as parlé, et fais comme tu as dit à l'égard du juif Mardochée, qui est assis à la porte du roi; n'omets aucun détail de tout ce que tu as proposé."

La chute d'Aman et son piège tendu par ses ennemis.

11 Aman prit donc le vêtement et le cheval, il habilla Mardochée et le promena à cheval par la grande place de ta ville, en s'écriant devant lui: "Voilà ce qui, se fait pour l'homme que le roi veut honorer!" 12 Puis Mardochée retourna à la porte du roi, et Aman gagna précipitamment sa maison, accablé de tristesse et la tête basse. 13 Aman raconta à sa femme Zérech et à ses amis tout ce qui lui était advenu; et ses sages et sa femme Zérech lui dirent: "S'il est de la race des juifs, ce Mardochée devant qui tu as commencé à tomber, tu ne pourras l'emporter sur lui; au contraire, tu t'écrouleras entièrement." 14 Ils étaient encore en train de s'entretenir avec lui, quand arrivèrent les eunuques du roi; ceux-ci firent diligence pour conduire Aman au festin qu'Esther avait préparé.

CHAPITRE 7

Ce septième chapitre continue de nous dévoiler l'histoire captivante de la reine Esther, qui doit sauver son peuple juif de l'anéantissement. Le chapitre commence avec une invitation du roi Assuérus à Esther pour assister à un festin. Durant le repas, le roi offre à Esther de lui accorder tout ce qu'elle désire, même si cela devait être la moitié de son royaume. Esther, alors, révèle le complot d'Aman pour détruire les Juifs, qui comprenait également la vente de sa propre vie et celle de son peuple. Le roi est choqué et demande qui est responsable de cette conspiration, et Esther nomme Aman. Aman supplie la reine Esther de lui accorder la vie, mais le roi, enragé, ordonne qu'il soit pendu à la potence qu'il avait préparée pour Mardochée, le cousin d'Esther qui avait sauvé le roi d'un complot meurtrier. Ce chapitre nous montre comment la justice Divine s'accomplit et comment le plan d'Aman a été renversé par la fidélité d'Esther à son peuple.

Le roi offre à Esther tout ce qu'elle souhaite.

1 Le roi et Aman vinrent donc s'asseoir au festin avec la reine Esther. 2 Et le second jour encore, le roi dit à Esther pendant le festin, à l'heure du vin: "Fais connaître ta demande; reine Esther, et elle te sera accordée; dis ce que tu souhaites: quand ce serait la moitié du royaume, tu l'obtiendrais."

Esther révèle le complot d'Aman pour détruire son peuple.

3 La reine Esther répondit en ces termes: "Si j'ai trouvé grâce à tes yeux, et si tel est le bon plaisir du roi, puisse-t-on, à ma demande, me faire don de la vie et, à ma requête, sauver mon peuple! 4 Car nous avons été vendus moi-même et mon peuple, pour être détruits, exterminés, anéantis. Si du moins nous avions été vendus pour être esclaves ou servantes, j'aurais gardé le silence; assurément le persécuteur n'a pas le souci du dommage causé au roi. 5 Le roi Assuérus se récria et dit à la reine Esther: "Qui est-il, où est-il, celui qui a eu l'audace d'agir de la sorte? 6 Cet homme, répliqua Esther, cruel et acharné; c'est ce méchant Aman que voilà!" Aman fut atterré en présence du roi et de la reine.

Aman est puni pour son complot et pendu à la potence qu'il avait préparée pour Mardochée.

7 Le roi s'était dans sa colère, levé du festin pour gagner le parc du palais, tandis qu'Adam se redressa pour demander grâce de la vie à la reine Esther, car il voyait que sa perte était résolue par le roi. 8 Comme le roi revenait du parc du palais dans la salle du festin, [il vit] Aman qui s'était laissé tomber sur le divan occupé par Esther: "Comment, s'écria le roi, tu vas jusqu'à faire violence à la reine en ma présence, dans mon palais!" L'ordre en fut donné par le roi, et on voila le visage d'Aman. 9 Alors Harbona, un des eunuques, dit devant le roi: "Ne voilà-t-il pas que la potence, préparée par Aman pour Mardochée, qui a parlé pour le salut du roi, se dresse dans la maison d'Aman, haute de cinquante coudées! Qu'on l'y pende!" s'écria le roi. 10 On attacha donc Aman à la potence qu'il avait préparée pour Mardochée. Et la colère du roi s'apaisa.

CHAPITRE 8

Dans ce huitième chapitre, nous voyons la conclusion de l'histoire de la reine Esther et de son peuple. Après avoir plaidé auprès du roi Assuérus pour sauver les Juifs de l'extermination planifiée par Aman, Esther et son oncle Mardochée ont obtenu la faveur du roi et ont finalement réussi à sauver leur peuple de la destruction. Ce chapitre montre la célébration de la victoire des Juifs dans tout l'empire perse et la conversion de nombreux païens au judaïsme. Cette fin heureuse souligne l'importance de la foi, du courage et de la persévérance dans la lutte contre l'oppression et l'injustice.

Le roi Assuérus donne la maison d'Aman à la reine Esther et l'anneau royal à Mardochée.

1 Le même jour, le roi Assuérus fit don à la reine Esther de la maison d'Aman, persécuteur des juifs, et Mardochée se présenta devant le roi, Esther ayant raconté ce qu'il était pour elle. 2 Le roi ôta son anneau, qu'il avait fait enlever à Aman, et le remit à Mardochée; et Esther préposa Mardochée à la maison d'Aman.

Esther supplie le roi de sauver les Juifs de l'extermination planifiée par Aman.

3 Puis Esther revint à la charge pour parler au roi; elle se jeta à ses pieds et, en pleurant, le supplia d'annuler le funeste dessein d'Aman, l'Agaghite, et le projet qu'il avait formé contre les juifs. 4 Le roi tendit le sceptre d'or à Esther, qui, s'étant relevée, se tint debout devant le roi, 5 et dit: "Si tel est le bon plaisir du roi et si j'ai trouvé grâce devant lui, si la chose paraît convenable au roi et s'il a quelque bienveillance pour moi, qu'on écrive à l'effet de révoquer les lettres, transmettant la pensée d'Aman, fils de Hamedata, l'Agaghite, qui a écrit de perdre les juifs établis dans toutes les provinces du roi; 6 car comment pourrais-je être témoin de la calamité qui atteindrait mon peuple, et comment pourrais-je être témoin de la ruine de ma race?"

Le roi permet à Esther et Mardochée d'écrire un édit pour sauver les Juifs.

7 Le roi Assuérus dit à la reine Esther et au juif Mardochée: "Déjà j'ai fait don à Esther de la maison d'Aman; lui-même, on l'a pendu à la potence, pour avoir dirigé un attentat contre les juifs; 8 eh bien! écrivez vous-mêmes, au nom du roi, en faveur des juifs, comme vous le jugerez bon, et signez avec l'anneau royal, car un ordre écrit au nom du roi et muni du sceau royal ne peut être rapporté."

Mardochée ordonne l'écriture et l'envoi de l'édit autorisant les Juifs à se défendre contre leurs ennemis.

9 Sur l'heure même, on convoqua les secrétaires du roi, c'était dans le troisième mois, qui est le mois de Sivan, le vingt-troisième jour du mois et on écrivit, tout comme Mardochée l'ordonna, aux juifs, aux satrapes, aux gouverneurs et aux préfets des provinces qui s'étendaient de l'Inde à l'Ethiopie cent-vingt-sept provinces en s'adressant à chaque province suivant son système d'écriture et à chaque peuple suivant son idiome, de même aux juifs selon leur écriture et selon leur langue. 10 Il fit écrire au nom du roi Assuérus et sceller avec l'anneau du roi; puis il expédia les lettres par des courriers à cheval, montés sur des coursiers rapides, appartenant au service de l'Etat et élevés dans les écuries royales. 11 [Il déclarait] que le roi autorisait les juifs, dans chaque ville, à se rassembler et à défendre leur vie, en exterminant, en tuant et en détruisant tout attroupement de populace qui les attaquerait, y compris les femmes et les enfants, et à faire main basse sur leur butin; 12 et cela en un seul et même jour, dans toutes les provinces du roi Assuérus, à savoir le treizième jour du douzième mois, qui est le mois d'Adar.

L'édit est promulgué dans tout l'empire perse.

13 La teneur de l'écrit portait qu'un édit fût promulgué dans chaque province et porté à la connaissance de tous les peuples pour que les juifs se tinssent prêts, pour ce jour, à se venger de leurs ennemis. 14 Les courriers, montés sur des coursiers rapides,

> Mardochée est célébré dans la ville de Suse pour son rôle dans la sauvegarde des Juifs.

appartenant au service de l'Etat, partirent sur l'ordre du roi, en toute diligence et avec précipitation, et l'édit fut publié dans Suse, la capitale.

15 Cependant Mardochée sortit de chez le roi en costume royal, bleu d'azur et blanc, avec une grande couronne d'or et un manteau de byssus et de pourpre, et la ville de Suse fut dans la jubilation et dans la joie. 16 Pour les juifs, ce n'étaient que joie rayonnante, contentement, allégresse et marques d'honneur.

> Les Juifs célèbrent leur victoire dans tout l'empire perse et de nombreux païens se convertissent au judaïsme.

17 Dans chaque province, dans chaque ville, partout où parvinrent l'ordre du roi et son édit, il y avait pour les juifs joie et allégresse, festins et jour de fête. Un grand nombre parmi les gens du pays se firent juifs, tant la crainte des juifs s'était emparée d'eux.

CHAPITRE 9

Le neuvième chapitre clôt l'histoire de la fête de Pourim, qui célèbre la délivrance des Juifs de Perse de l'extermination planifiée par Aman. Ce chapitre relate la victoire des Juifs sur leurs ennemis le treizième jour du mois d'Adar, puis le quatorzième jour à Suse, la capitale, et enfin, le quinzième jour. On y apprend également comment Esther et Mardochée, les héros de l'histoire, ont institué la fête de Pourim et l'ont rendue obligatoire pour tous les Juifs, où qu'ils se trouvent. Ce chapitre, riche en événements et en enseignements, est un témoignage de la persévérance, du courage et de la foi des Juifs face à l'adversité.

> La victoire des Juifs sur leurs ennemis.

1 Donc, le douzième mois, qui est le mois d'Adar, le treizième jour du mois, où l'exécution de l'ordre du roi et de son édit venaient à échéance le jour même où les ennemis des juifs avaient espéré prendre le dessus sur eux ce fut le contraire qui eut lieu, les juifs allant, eux, prendre le dessus sur ceux qui les haïssaient. 2 Les juifs se rassemblèrent dans leurs villes respectives, sur toute l'étendue des provinces du roi Assuérus, pour s'attaquer à ceux qui complotaient leur perte: personne ne leur tint tête, car ils inspiraient de la terreur à tous les peuples. 3 Et tous les préfets des provinces, les satrapes, les gouverneurs, les fonctionnaires du roi prêtèrent main-forte aux juifs, car la crainte de Mardochée s'était emparée d'eux. 4 C'est que Mardochée était influent dans le palais du roi, et sa renommée se répandait dans toutes les provinces, tant la personne de Mardochée allait en grandissant. 5 Les juifs exercèrent donc des sévices parmi tous leurs ennemis, en frappant du glaive, en tuant, en détruisant, et ils traitèrent à leur gré ceux qui les haïssaient. 6 Dans Suse, la capitale, les juifs tuèrent ainsi et exterminèrent cinq cents hommes; 7 en outre, Parchandata, Dalphôn, et Aspata, 8 Porata, Adalia et Aridata, 9 Parmachta, Arissai, Aridai et Vaïzata, 10 les dix fils d'Aman, fils de Hamedata, persécuteur des juifs, ils les mirent à mort; mais ils ne portèrent pas la main sur le butin. 11 Le jour même, le compte des victimes tombées à Suse,

la capitale, fut communiqué au roi; 12 et celui-ci dit à la reine Esther: "A Suse, la capitale, les juifs ont tué et exterminé cinq cents hommes ainsi que les dix fils d'Aman: que n'auront-ils pas fait dans les autres provinces du roi! As-tu encore une demande à présenter, elle te sera accordée; un souhait à exprimer, il sera réalisé." 13 Esther répondit au roi: "Si tel est le bon plaisir du roi, qu'il soit permis aux juifs, dans Suse, de faire demain encore ce qu'ils ont fait aujourd'hui, et que les dix fils d'Aman soient pendus à la potence." 14 Le roi ordonna de procéder de la sorte: un édit fut publié à Suse, et on pendit les dix fils d'Aman. 15 Les juifs, présents à Suse, se rassemblèrent donc encore le quatorzième jour du mois d'Adar et firent périr à Suse trois cents hommes; mais ils ne touchèrent pas au butin. 16 Les autres juifs, établis dans des provinces du roi, s'étaient rassemblés pour défendre leur vie et se mettre à l'abri de leurs ennemis et avaient tué soixante-quinze mille de ceux qui les haïssaient, sans mettre la main sur le butin. 17 [Cela s'était passé] le treizième jour du mois d'Adar; puis ils avaient pris du repos; le quatorzième jour et en avaient fait un jour de festin et de joie; 18 tandis que les juifs, dans Suse, s'étaient rassemblés le treizième et le quatorzième jours et avaient pris du repos le quinzième jour, dont ils avaient fait un jour de festin et de joie. 19 C'est pourquoi les juifs des campagnes, qui habitent des villes ouvertes, font du quatorzième jour du mois d'Adar un jour de joie, de festin, un jour de fête, et s'envoient réciproquement des cadeaux.

L'institution de la fête de Pourim.

20 Mardochée mit par écrit ces événements et expédia des lettres à tous les juifs, proches ou éloignés, dans toutes les provinces du roi Assuérus, 21 leur enjoignant de s'engager à observer, année par année, le quatorzième jour du mois d'Adar et le quinzième jour, 22 c'est-à-dire les jours où les juifs avaient obtenu rémission de leurs ennemis, et le mois où leur tristesse s'était changée en joie et leur deuil en fête à en faire des jours de festin et de réjouissances et une occasion d'envoyer des présents l'un à l'autre et des dons aux pauvres. 23 Les juifs érigèrent en coutume ce qu'ils avaient commencé de faire et ce que Mardochée leur avait recommandé par écrit; 24 car Aman, fils de Hamedata, l'Agaghite, persécuteur de tous les juifs, avait formé le dessein d'anéantir les juifs et consulté le Pour, c'est-à-dire le sort, à l'effet de les perdre et de les détruire; 25 et quand la chose parvint à la connaissance du roi, il donna l'ordre écrit que le mauvais dessein qu'Aman avait conçu contre les juifs retombât sur sa tête et qu'on le pendît, lui et ses fils, au gibet. 26 C'est pourquoi on appela ces jours-là POURIM,

du nom de Pour; et c'est pourquoi aussi, en vertu de toutes les instructions de cette missive, de tout ce qu'ils avaient vu eux-mêmes et de ce qui leur était advenu, 27 les juifs reconnurent et acceptèrent pour eux, pour leurs descendants et pour tous ceux qui se rallieraient à eux l'obligation immuable de fêter ces deux jours-là, suivant la teneur des écrits et à la date fixée, année par année, 28 de commémorer et de célébrer ces jours de génération en génération, dans chaque famille, dans chaque province et dans chaque ville, et de ne pas laisser disparaitre ces jours de Pourim du milieu des juifs ni s'en effacer le souvenir du milieu de leurs descendants. 29 Puis la reine Esther, fille d'Abihaïl, et le juif Mardochée écrivirent de nouveau, usant de toute leur autorité pour donner force de loi à cette seconde missive de Pourim. 30 Et on expédia des lettres à tous les juifs dans les cent vingt-sept provinces de l'empire d'Assuérus, comme un message de paix et de vérité, 31 à l'effet d'instituer ces jours de Pourim à leur date, comme le juif Mardochée et la reine Esther les avaient acceptés pour leur compte et pour le compte de leurs descendants, en ce qui concerne les jeûnes et les supplications y afférentes. 32 L'ordre d'Esther fortifia ces règles relatives à Pourim; et il fut consigné dans un document écrit.

CHAPITRE 10

Ce dernier chapitre du livre d'Esther clôt l'histoire en soulignant la grandeur et la puissance de Mardochée, le Juif qui est devenu le second personnage le plus important dans le royaume de Perse après le roi Assuérus. Le tribut imposé par le roi aux pays de terre ferme et aux îles de la mer est également mentionné.

Proclamation d'un tribut imposé par le roi Assuérus aux pays de terre ferme et aux îles de la mer, ainsi que la reconnaissance de la grandeur de Mardochée et de son importance pour le peuple juif.

1 Ensuite le roi Assuérus imposa un tribut aux pays de terre ferme et aux îles de la mer. 2 Quant aux hauts faits de sa force et de sa puissance et à l'exposé détaillé de la grandeur de Mardochée, que le roi lui avait conférée, ils sont notés dans le livre des Chroniques des rois de Médie et de Perse. 3 Car le juif Mardochée venait en second après le roi Assuérus; il était grand aux yeux des juifs, aimé de la foule de ses frères; il recherchait le bien de son peuple et défendait la cause de toute sa race.

RACONTE MOI L'HISTOIRE DE POURIM

CHAPITRE 1

LE FESTIN DU ROI ASSUÉRUS ET LE DÉFI DE LA REINE VASTHI.

Il était une fois, à l'époque d'Assuérus, le puissant souverain qui régnait sur cent vingt-sept provinces allant de l'Inde à l'Ethiopie. Installé sur son trône royal dans la capitale de Suse, le roi organisa un grand festin pour célébrer la troisième année de son règne. Ce fut un banquet grandiose qui dura 180 jours. Les invités comprenaient ses serviteurs, les gouverneurs des provinces et l'armée de Perse et de Médie. La richesse de sa grandeur et de son faste royal était étalée pour tous les convives.

Après les 180 jours, le roi organisa un autre festin dans les dépendances du parc du palais royal pour toute la population de Suse, grands et petits confondus. Les tentures blanches, vertes et bleu de ciel étaient suspendues par des cordons de byssus et de pourpre sur des cylindres d'argent et des colonnes de marbre. Des divans d'or et d'argent étaient disposés sur des mosaïques de porphyre, de marbre blanc, de nacre et de marbre noir. Les boissons étaient offertes dans des vases d'or de toutes sortes, et le vin royal coulait à flots. Chacun buvait à volonté, sans aucune contrainte, car le roi avait recommandé à tous les officiers de sa maison de se conformer au désir de chacun.

Pendant ce temps, la reine Vasthi donna également un festin aux femmes dans le palais royal. Le septième jour, le roi, éméché par le vin, ordonna à ses sept eunuques de service de faire venir la reine Vasthi dans le but de faire admirer sa beauté aux convives. Mais la reine refusa de se présenter devant le roi, ce qui le mit hors de lui. Il demanda alors aux sages de son royaume quel traitement était réservé aux désobéissants selon la loi.

Memoukhan, l'un des seigneurs les plus influents du royaume, fit remarquer au roi que la désobéissance de la reine Vasthi n'était pas seulement une offense envers lui, mais également envers tous les grands et les nations qui peuplaient les provinces du roi. Il suggéra qu'un décret royal soit émis pour bannir la reine Vasthi et conférer sa dignité royale à une autre femme, plus digne qu'elle. Le roi approuva cette proposition, et une ordonnance fut rendue qui fut connue dans tout le royaume. Toutes les femmes furent alors exhortées à respecter leurs maris, grands ou petits, et la reine Vasthi fut déchue de son titre de reine.

QUESTIONS / RÉPONSES

1. Qui était le souverain qui régnait sur cent vingt-sept provinces?

Réponse: Assuérus était le souverain qui régnait sur cent vingt-sept provinces allant de l'Inde à l'Éthiopie.

2. Qui donna un festin aux femmes dans le palais royal?
Réponse: La reine Vasthi donna un festin aux femmes dans le palais royal.

3. Pourquoi le roi décida-t-il de bannir la reine Vasthi?
Réponse: Le roi décida de bannir la reine Vasthi car elle avait refusé de se présenter devant le roi lorsqu'il l'avait appelée, ce qui l'a mis hors de lui. Memoukhan, l'un des seigneurs les plus influents du royaume, a suggéré qu'un décret royal soit émis pour bannir la reine Vasthi et conférer sa dignité royale à une autre femme plus digne qu'elle. Le roi a approuvé cette proposition, et une ordonnance a été rendue qui a été connue dans tout le royaume.

CHAPITRE 2

ESTHER DEVIENT REINE DE PERSE.

Le roi Assuérus avait oublié la reine Vasthi après l'avoir bannie de son royaume. Mais bientôt, ses courtisans lui suggérèrent de chercher une nouvelle reine. Ils suggérèrent que toutes les jeunes filles vierges et belles de son royaume soient rassemblées dans le palais des femmes à Suse, sous la direction de l'eunuque Hêghé, afin que le roi puisse choisir celle qu'il préfère pour devenir sa nouvelle reine.

Dans la ville de Suse vivait un Juif nommé Mardochée, qui avait adopté sa nièce Esther après la mort de ses parents. Esther était belle et intelligente, et elle a été choisie parmi les jeunes filles pour se rendre au palais des femmes. Hêghé, qui était chargé de la préparer pour rencontrer le roi, s'est rapidement rendu compte qu'elle était une jeune fille exceptionnelle, et il lui a accordé des faveurs spéciales.

Cependant, Esther avait gardé secret son peuple et son origine, comme l'avait recommandé Mardochée. Chaque jour, Mardochée venait s'informer d'elle à la cour du harem.

Après douze mois de préparation, Esther est apparue devant le roi Assuérus et a gagné son affection. Le roi l'a couronnée reine à la place de Vasthi et a donné un grand festin en son honneur. Mardochée, qui était à la porte du roi, a appris qu'un complot avait été ourdi contre le roi et l'a informé, ce qui lui a permis de déjouer le complot et de protéger le roi.

QUESTIONS / RÉPONSES

1. Qui était Esther et comment a-t-elle été choisie comme reine?
Réponse: Esther était une jeune fille belle et orpheline, adoptée par son oncle Mardochée. Elle a été choisie comme reine après qu'un édit royal a ordonné que toutes les jeunes filles vierges et belles soient rassemblées à Suse, la capitale, pour que le roi choisisse une nouvelle reine en remplacement de Vasthi.

2. Pourquoi Mardochée a-t-il recommandé à Esther de ne pas révéler son peuple ni son origine?
Réponse: Mardochée a recommandé à Esther de ne pas révéler son peuple ni son origine pour protéger sa sécurité. Il craignait que les Juifs soient mal vus à la cour royale et qu'elle soit victime de préjugés.

3. Comment Esther a-t-elle gagné les bonnes grâces du roi Assuérus?

Réponse: Esther a gagné les bonnes grâces du roi Assuérus en étant belle et en montrant de l'intelligence, de la sagesse et de la modestie. Elle a également gagné les faveurs de Hêgaï, le gardien des femmes du roi, en le respectant et en étant aimable envers lui.

CHAPITRE 3

LE COMPLOT D'AMAN CONTRE LES JUIFS.

Après que le roi Assuérus eut élevé Aman, la cour royale se prosternait devant lui, mais Mardochée, un juif, refusa de se soumettre à cet ordre. Les serviteurs du roi lui demandèrent pourquoi il désobéissait, mais Mardochée maintint sa position, refusant de se plier à un acte d'idolâtrie.

Les serviteurs dénoncèrent Mardochée à Aman, qui fut furieux lorsqu'il s'aperçut que Mardochée était un juif. Il décida de mettre en place un plan diabolique pour anéantir tous les juifs dans le royaume d'Assuérus.

Aman consulta le sort, ou "POUR", pour choisir la date à laquelle les juifs seraient exterminés. Le sort désigna le treizième jour du douzième mois, qui est le mois d'Adar.

Aman convainquit le roi Assuérus de promulguer un décret ordonnant la destruction de tous les juifs, jeunes et vieux, enfants et femmes, en un seul jour. Le décret stipulait également que les biens des juifs devaient être confisqués.

Des lettres furent envoyées dans toutes les provinces du royaume, ordonnant aux gens de se préparer à exécuter l'ordre le treizième jour du douzième mois. Le roi et Aman s'assirent pour boire pendant que la ville de Suse était plongée dans la consternation.

Les juifs étaient en grand danger, et il ne restait plus que quelques mois avant la date fatidique. Comment allaient-ils faire face à cette terrible menace? Seul la suite le dira.

QUESTIONS / RÉPONSES

1. Pourquoi Mardochée a-t-il refusé de se soumettre à l'ordre du roi?

Réponse: Mardochée, qui était juif, a refusé de se plier à l'ordre du roi de s'agenouiller et de se prosterner devant Aman, car il considérait cela comme de l'idolâtrie.

2. Comment Aman a-t-il choisi la date de l'extermination des juifs?

Réponse: Aman a consulté le sort, également appelé "POUR", pour choisir la date de l'extermination des juifs. Le sort a désigné le treizième jour du douzième mois, qui est le mois d'Adar.

3. Qu'a ordonné le décret promulgué par le roi Assuérus et Aman?

Réponse: Le décret promulgué par le roi Assuérus et Aman ordonnait la destruction de tous les juifs, jeunes et vieux, enfants et femmes, en un seul jour. Le décret stipulait également que les biens des juifs devaient être confisqués.

CHAPITRE 4

ESTHER PLAIDE EN FAVEUR DE SON PEUPLE.

Mardochée avait été informé de l'ordre du roi et de l'édit visant à exterminer les juifs, ce qui le plongea dans un grand désespoir. Il déchira ses vêtements, se couvrit de cendres et se mit à crier dans les rues. Les juifs de toutes les provinces se joignirent à lui dans le deuil, le jeûne et les lamentations.

Lorsque la reine Esther apprit ce qui se passait, elle envoya des vêtements pour Mardochée, mais il refusa de les prendre. Elle envoya alors Hatac pour savoir ce qui se passait. Mardochée informa Hatac de tout ce qui s'était passé, du montant de l'argent promis par Aman pour la destruction des juifs et du décret qui avait été publié pour les exterminer. Il demanda à Esther de se rendre chez le roi pour présenter une supplique en faveur de son peuple. Esther, cependant, lui fit part des risques qu'elle encourait si elle se rendait chez le roi sans être invitée.

Mardochée la pressa de ne pas garder le silence et de se joindre aux juifs de Suse pour jeûner et prier pendant trois jours. Esther accepta et décida de se rendre chez le roi pour plaider en faveur de son peuple, même si cela signifiait sa propre mort. Mardochée retourna auprès des juifs pour organiser le jeûne.

QUESTIONS / RÉPONSES

1. Quel était le motif du désespoir de Mardochée et comment a-t-il réagi?

Réponse: Mardochée était désespéré parce qu'il avait appris l'ordre du roi et l'édit visant à exterminer les juifs. Il a déchiré ses vêtements, s'est couvert de cendres et a crié dans les rues.

2. Qu'a fait Esther après avoir appris la situation?

Réponse: Après avoir appris la situation, Esther a envoyé des vêtements pour Mardochée, mais il les a refusés. Elle a envoyé Hatac pour savoir ce qui se passait et Mardochée a informé Hatac de tout ce qui s'était passé. Il a demandé à Esther de se rendre chez le roi pour présenter une supplique en faveur de son peuple.

3. Que s'est-il passé après qu'Esther a accepté de se rendre chez le roi pour plaider en faveur de son peuple?

Réponse: Après qu'Esther a accepté de se rendre chez le roi pour plaider en faveur de son peuple, Mardochée est retourné auprès des juifs pour organiser le jeûne. Esther a ensuite jeûné et prié avec les juifs de Suse pendant trois jours avant de se rendre chez le roi, même si cela signifiait sa propre mort.

CHAPITRE 5

UNE MENACE PLANE SUR MARDOCHÉE.

Esther se tenait devant le roi, resplendissante dans ses atours royaux. Le roi, touché par sa beauté et sa grâce, tendit son sceptre d'or vers elle en signe d'approbation. "Que veux-tu, reine Esther? demande-t-il. Je te donnerai tout ce que tu demandes, même la moitié de mon royaume." Esther répondit: "Si le roi le permet, je voudrais inviter le roi et Aman à un festin que j'ai préparé pour eux." Le roi, heureux d'être invité, accepta avec enthousiasme.

Pendant le festin, le roi réitéra sa promesse d'accorder à Esther tout ce qu'elle désirait. Esther lui demanda alors de se joindre à elle pour un autre festin le lendemain, auquel Aman serait également convié. Le roi accepta et Aman partit joyeusement chez lui.

Cependant, lorsqu'il passa devant la porte du roi, il vit Mardochée ne pas se lever pour lui. La vue de ce juif le mit en colère, et il décida de le tuer. Il fit construire une potence de cinquante coudées et prévint ses amis et sa femme de son plan. Ils lui suggérèrent de parler au roi le lendemain matin pour que Mardochée soit pendu. Aman trouva cette idée excellente et fit dresser la potence.

QUESTIONS / RÉPONSES

1. Que demande Esther au roi lorsqu'il lui propose de lui donner tout ce qu'elle désire?
Esther demande au roi de se joindre à elle pour un festin qu'elle a préparé pour lui et Aman.

2. Comment réagit le roi à la demande d'Esther?
Le roi accepte avec enthousiasme l'invitation d'Esther.

3. Pourquoi Aman est-il en colère après avoir vu Mardochée ne pas se lever pour lui?
Aman est en colère car Mardochée est juif, et Aman a un plan pour exterminer tous les juifs. La vue de Mardochée ne pas se lever pour lui est donc une insulte personnelle.

CHAPITRE 6

LA REVANCHE DE MARDOCHÉE.

La nuit suivant le premier festin, le roi Assuérus a des problèmes pour dormir et demande qu'on lui apporte le recueil des annales. Il découvre que Mardochée a dénoncé une tentative d'assassinat contre lui, mais n'a jamais été récompensé.

Aman, qui vient de demander la mort de Mardochée, entre dans la cour extérieure du palais, et le roi l'invite à entrer. Le roi demande alors à Aman ce qu'il faudrait faire pour honorer un homme et Aman, qui pense que le roi parle de lui-même, donne des instructions détaillées. Le roi ordonne alors à Aman de faire exactement cela pour Mardochée. Aman, en colère, obéit et promène Mardochée en vêtement royal et sur un cheval, proclamant dans les rues: "Voilà ce qui se fait pour l'homme que le roi veut honorer!"

Après cela, Aman retourne chez lui, découragé. Ses amis et sa femme Zérech le conseillent de ne pas sous-estimer Mardochée, et ils sont interrompus par l'arrivée des eunuques du roi qui viennent chercher Aman pour le festin d'Esther.

QUESTIONS / RÉPONSES

1. Pourquoi le roi Assuérus a-t-il demandé le recueil des annales?
Réponse: Le roi Assuérus a demandé le recueil des annales parce qu'il avait des problèmes pour dormir.

2. Pourquoi Aman est-il en colère après que le roi lui a ordonné d'honorer Mardochée?

Réponse: Aman est en colère parce qu'il pense que le roi parle de lui-même lorsqu'il demande comment honorer un homme, mais le roi lui ordonne d'honorer Mardochée, qu'Aman déteste.

3. Où vont les eunuques du roi chercher Aman à la fin du texte?

Réponse: Les eunuques du roi viennent chercher Aman pour le festin d'Esther.

CHAPITRE 7

LA DEMANDE D'ESTHER ET LA CHUTE D'AMAN.

Le lendemain, Esther invite de nouveau le roi Assuérus et Aman pour un festin. Pendant le repas, le roi offre à Esther d'exaucer sa demande, même si elle demandait la moitié de son royaume. Esther, préparée pour cette occasion, demande que sa vie et celle de son peuple soient épargnées car ils ont été vendus pour être détruits. Elle pointe du doigt Aman comme étant le responsable de ce complot. Le roi Assuérus est en colère et quitte la salle pour réfléchir dans le parc du palais.

Pendant ce temps, Aman supplie Esther de le sauver. Quand le roi revient dans la salle, il trouve Aman qui s'est agenouillé sur le divan d'Esther, et il interprète cela comme une tentative de viol envers la reine. Harbona, un des eunuques, informe le roi de la potence que Aman avait préparée pour Mardochée, ce qui décide le roi à faire pendre Aman sur cette potence. La colère du roi s'apaise alors.

QUESTIONS / RÉPONSES

1. Qui Esther accuse-t-elle d'être responsable du complot visant à détruire son peuple?

Réponse: Esther pointe du doigt Aman comme étant le responsable de ce complot.

2. Pourquoi le roi Assuérus quitte-t-il la salle pendant le festin?

Réponse: Le roi Assuérus quitte la salle pour réfléchir dans le parc du palais après qu'Esther ait demandé que sa vie et celle de son peuple soient épargnées.

3. Comment le roi Assuérus réagit-il lorsque Harbona l'informe de la potence que Aman avait préparée pour Mardochée?

Réponse: Le roi Assuérus décide de faire pendre Aman sur la potence qu'il avait préparée pour Mardochée, ce qui apaise sa colère.

CHAPITRE 8

LA VICTOIRE ET LE SALUT DES JUIFS.

Après avoir obtenu la vie sauve de son peuple, Esther était retournée auprès du roi Assuérus. Elle avait demandé que les lettres envoyées par Aman soient révoquées, car elles condamnaient les Juifs à la mort dans toutes les provinces de l'Empire perse.

Le roi avait accepté la requête d'Esther et avait ordonné à Mardochée de rédiger un nouveau décret qui protégerait les Juifs et leur donnerait le droit de se défendre contre leurs ennemis. Les courriers royaux avaient été envoyés dans chaque province pour annoncer le nouvel édit.

Le décret autorisait les Juifs à se rassembler et à se défendre contre leurs agresseurs, même en tuant ceux qui les attaqueraient, y compris les femmes et les enfants. Ils avaient également le droit de prendre leur butin. Tout cela devait se produire en un seul jour, le treizième jour du mois d'Adar.

Dans chaque ville, les Juifs se préparaient à se défendre, sachant qu'ils avaient le droit de le faire. La joie et l'allégresse étaient palpables, car ils savaient qu'ils étaient désormais protégés. De nombreux non-Juifs avaient même choisi de se convertir par crainte des Juifs.

Mardochée était devenu un personnage important dans l'Empire perse, car le roi Assuérus lui avait donné la maison d'Aman en récompense pour sa contribution à sauver les Juifs. Il était maintenant vêtu de façon royale et portait une grande couronne d'or.

La ville de Suse était en effervescence, remplie de joie et de fête, car les Juifs célébraient leur victoire et leur salut. Esther, Mardochée et tous les Juifs de l'Empire perse avaient survécu à la menace de la mort et pouvaient désormais vivre en paix.

QUESTIONS / RÉPONSES

1. Qui a demandé à ce que les lettres envoyées par Aman soient révoquées?
Réponse: Esther a demandé à ce que les lettres envoyées par Aman soient révoquées.

2. Qu'est-ce que le nouveau décret autorisait les Juifs à faire?
Réponse: Le nouveau décret autorisait les Juifs à se rassembler et à se défendre contre leurs agresseurs, même en tuant ceux qui les attaqueraient, y compris les femmes et les enfants, ainsi que de prendre leur butin.

3. Pourquoi la ville de Suse était-elle en effervescence?
Réponse: La ville de Suse était en effervescence car les Juifs célébraient leur victoire et leur salut après avoir survécu à la menace de la mort grâce à la nouvelle loi qui les protégeait.

CHAPITRE 9

LA VICTOIRE DES JUIFS: UNE CÉLÉBRATION ANNUELLE.

Les Juifs ont triomphé de leurs ennemis, déjouant ainsi leur complot visant à les exterminer. Leur vengeance a été féroce, mais ils ont aussi su montrer de la compassion en offrant des cadeaux aux pauvres. Mardochée a ordonné que la fête soit célébrée chaque année pour rappeler la victoire des Juifs sur leurs ennemis.

Le treizième jour du mois d'Adar, les Juifs ont commencé leur contre-attaque contre leurs ennemis. Dans toutes les provinces du roi Assuérus, ils se sont rassemblés pour combattre ceux qui cherchaient à les détruire. La terreur qu'ils inspiraient était telle que personne n'a osé les affronter. Mardochée était devenu une figure influente dans le palais du roi et sa renommée avait atteint toutes les provinces.

Les Juifs ont sévi contre tous leurs ennemis, tuant et détruisant à leur gré. Ils ont tué cinq cents hommes à Suse, la capitale, ainsi que les dix fils d'Aman, le persécuteur des Juifs. Les Juifs ont également exterminé cinq cents autres ennemis à Suse le quatorzième jour du mois d'Adar. Dans d'autres provinces, ils ont tué soixante-quinze mille ennemis.

Le roi Assuérus a été informé de la victoire des Juifs à Suse le même jour. Esther, la reine, lui a demandé de permettre aux Juifs de faire ce qu'ils avaient fait à Suse le lendemain. Elle a également demandé que les dix fils d'Aman soient pendus à la potence. Le roi a accepté sa demande et les dix fils d'Aman ont été pendus.

Les Juifs se sont ensuite rassemblés à Suse le quatorzième jour du mois d'Adar pour célébrer leur victoire. Ils ont tué trois cents autres ennemis ce jour-là, mais n'ont pas touché au butin. Le quinzième jour a été un jour de repos et de festin.

Mardochée a alors écrit une lettre à tous les Juifs, leur enjoignant d'observer le quatorzième jour du mois d'Adar comme un jour de festin et de joie. Ce jour devait être l'occasion de s'envoyer des cadeaux et des dons aux pauvres. Les Juifs ont érigé en coutume ce qu'ils avaient commencé de faire et chaque année, ils ont célébré la fête pour rappeler leur victoire sur leurs ennemis.

QUESTIONS / RÉPONSES

1. Quelle est la raison de la célébration annuelle des Juifs mentionnée dans le texte?
La célébration annuelle des Juifs est pour rappeler leur victoire sur leurs ennemis, comme l'ordonne Mardochée à la fin du neuvième chapitre de l'histoire d'Esther.

2. Pourquoi les Juifs ont-ils sévi contre leurs ennemis?
Les Juifs ont sévi contre leurs ennemis parce que ceux-ci cherchaient à les détruire. Les Juifs ont mené une contre-attaque le treizième jour du mois d'Adar dans toutes les provinces du roi Assuérus pour combattre ceux qui cherchaient à les exterminer.

3. Comment le roi Assuérus a-t-il réagi à la victoire des Juifs?
Le roi Assuérus a accepté la demande d'Esther de permettre aux Juifs de faire ce qu'ils avaient fait à Suse, c'est-à-dire tuer leurs ennemis, le lendemain de la victoire des Juifs à Suse. Il a également accepté la demande d'Esther de faire pendre les dix fils d'Aman.

CHAPITRE 10

L'HISTOIRE DE LA PROVIDENCE DIVINE.

Après la victoire des Juifs sur leurs ennemis, la paix et la prospérité régnèrent dans tout le royaume de Médie et de Perse. Le roi Assuérus imposa un tribut aux pays de terre ferme et aux îles de la mer, montrant ainsi sa puissance et sa force. Mardochée était devenu l'un des personnages les plus importants du royaume, étant considéré comme le deuxième personnage le plus puissant après le roi. Les hauts faits de Mardochée furent consignés dans les Chroniques des rois de Médie et de

Perse, pour que les générations futures se souviennent de son courage et de sa loyauté envers son peuple.

Mardochée était respecté et aimé de la foule de ses frères juifs. Il était connu pour rechercher le bien de son peuple et défendait la cause de tous ses compatriotes. Les Juifs n'oublièrent jamais la victoire sur leurs ennemis, qui avait été orchestrée par la Providence Divine. Ils se souvenaient que tout avait été possible grâce à la foi et à la confiance qu'ils avaient en leur Dieu. La fête de Pourim fut célébrée chaque année pour rappeler cette victoire et pour célébrer l'unité et la solidarité de leur communauté.

En fin de compte, l'histoire d'Esther est une histoire de la Providence Divine. Elle montre comment Dieu travaille dans des situations apparemment désespérées pour protéger et bénir Son peuple. Les Juifs ont été sauvés de la mort grâce à Esther et Mardochée, mais c'était la main de Dieu qui avait orchestré tous les événements. L'histoire d'Esther est donc un rappel de la fidélité de Dieu envers Son peuple et de l'importance de la foi et de la confiance en Lui, même dans les moments les plus difficiles.

QUESTIONS / RÉPONSES

1. Pourquoi Mardochée était-il considéré comme l'un des personnages les plus importants du royaume de Médie et de Perse?

Réponse: Mardochée était considéré comme l'un des personnages les plus importants du royaume de Médie et de Perse en raison de la grandeur, de la puissance et de la loyauté dont il a fait preuve pour son peuple.

2. Pourquoi les Juifs célèbrent-ils la fête de Pourim chaque année?

Réponse: Les Juifs célèbrent la fête de Pourim chaque année pour rappeler la victoire sur leurs ennemis et pour célébrer l'unité et la solidarité de leur peuple.

3. Quel est le message clé de l'histoire d'Esther?

Réponse: Le message clé de l'histoire d'Esther est que la Providence Divine travaille dans des situations apparemment désespérées pour protéger et bénir Son peuple, et que la foi et la confiance en Dieu sont essentielles même dans les moments les plus difficiles.

QUELQUES LOIS ET PRATIQUES

- **Jeûne d'Esther:** le jour précédant Pourim, les Juifs observent le jeûne d'Esther pour commémorer le jeûne de trois jours que Mardochée et Esther ont observé avant que cette dernière ne se présente devant le roi Assuérus pour sauver le peuple juif.

- **Mahatsit Hachékel:** La coutume du Mahatsit Hachekel consiste à donner la moitié d'une unité de monnaie, généralement une pièce ou un billet de petite valeur, le jour qui précède le jour de Pourim. Cette tradition rappelle le tribut de demi-sicle que chaque Juif avait l'obligation de donner à l'époque du Temple pour financer les sacrifices et la maintenance du sanctuaire. La somme collectée est ensuite utilisée pour des œuvres de charité.

- **Meguilat Esther:** la lecture publique de la Meguilat Esther (le Livre d'Esther) est une obligation pour tous les Juifs lors de la fête de Pourim. Cette lecture est faite deux fois: une fois le soir de Pourim et une fois le lendemain matin.

- **Michloa'h Manot:** c'est la coutume d'envoyer des cadeaux de nourriture, Michloah Manot, à des amis et à des membres de la famille lors de Pourim. Le cadeau doit contenir au moins deux types d'aliments prêts à manger et être livré à au moins un ami.

- **Matanot Laévyonim:** il est recommandé de donner de l'argent aux pauvres pendant la fête de Pourim, Matanot Laévyonim, afin qu'ils puissent célébrer la fête avec joie.

- **Séoudat Pourim:** il est coutume de faire un festin spécial, appelé Séoudat Pourim, lors de la fête. Ce festin doit inclure du pain, des aliments festifs, des paroles de Torah et des chants joyeux.

PROVERBES HASSIDIQUES SUR LA JOIE

"La joie est une mitzvah (commandement religieux) et la tristesse une faute."

Ce proverbe de Rabbi Yisrael ben Eliezer (le Baal Shem Tov), le fondateur du mouvement hassidique, souligne l'importance de la joie dans la vie juive. La joie est considérée comme une mitzvah, c'est-à-dire un commandement religieux, alors que la tristesse est considérée comme une faute. Les Juifs sont censés trouver de la joie dans leur relation avec Dieu, dans l'accomplissement de leurs devoirs religieux et dans leur vie quotidienne.

"Il est un devoir de se réjouir en toute chose."

Ce proverbe de Rabbi Na'hman de Breslev souligne l'importance de trouver la joie dans toutes les situations, même dans les moments difficiles. Il enseigne que nous devrions toujours chercher le côté positif de chaque événement de notre vie, même si cela semble être une source de souffrance. En se réjouissant, nous élevons notre âme et nous nous connectons à notre source divine.

"La joie est l'échelle qui monte vers le ciel."

Ce proverbe de Rabbi Tsvi Elimele'h de Dinov exprime que la joie est le moyen de se rapprocher de Dieu. La joie peut nous élever spirituellement et nous rapprocher de notre source divine. La joie peut être considérée comme une forme de prière qui nous rapproche de Dieu, et nous permet de ressentir Sa présence en nous.

"Le secret du bonheur est de trouver la joie dans les choses les plus simples de la vie."

Ce proverbe de Rabbi Mena'hem Mendel de Kotzk enseigne que le bonheur réside dans les choses simples et non dans les choses matérielles. La joie peut être trouvée dans les moments de la vie quotidienne, tels que passer du temps avec sa famille, se promener dans la nature ou apprécier un coucher de soleil. Le bonheur réside dans la capacité à apprécier et à trouver de la joie dans les choses simples de la vie.

"La joie véritable n'est pas de rire, mais de s'épanouir en vivant une vie significative."

Ce proverbe de Rabbi Simcha Bunim de Peschischa souligne l'importance de trouver un sens à sa vie. La joie véritable ne consiste pas seulement à rire et à s'amuser, mais à vivre une vie significative, en accomplissant des choses qui ont une valeur et un sens profond. Trouver un but dans la vie et s'efforcer de l'atteindre peut être une source de joie et de satisfaction.

PSAUME DE POURIM

- Le jour du jeûne d'Esther, il est bien de réciter le Psaume 22, qui est considéré comme un remède particulier pour nous aider à ce que nos prières soient acceptées.
- D'après le Chlah Hakadoch, ce Psaume est considéré comme un merveilleux remède, pour que nos prières soient acceptées, tout au long de l'année.
- Le Hida recommande d'allumer deux bougies, une pour le juste Mardochée et l'autre pour la reine Esther, et de demander qu'ils intercèdent en notre faveur, devant le Créateur du monde.
- Le livre "Kav Hayachar" conseille de réciter le Psaume 22 le jour du jeûne d'Esther et de demander tout ce dont on a besoin en s'adressant à Dieu. Il est important de se souvenir de Mardochée et Esther, grâce à qui le Saint béni soit-Il a répondu favorablement.
- En suivant ces conseils, il est possible d'espérer que les portes de la miséricorde s'ouvriront et que notre prière sera acceptée.

PSAUME 22

Le psaume 22 écrit par le Roi David, présente plusieurs similitudes avec l'histoire de Pourim. Tout d'abord, le psaume commence par le cri de désespoir "Mon Dieu, mon Dieu, pourquoi m'as-tu abandonné?", qui est similaire au sentiment de désespoir ressenti par Esther et le peuple juif face à la menace imminente de leur destruction.

De plus, les versets 7-9 du Psaume évoquent la moquerie et le mépris des gens envers David, tout comme Aman, l'ennemi du peuple juif dans l'histoire de Pourim, a cherché à les ridiculiser et à les détruire.

Ce Psaume décrit également des ennemis qui encerclent David, tout comme le complot ourdi par Aman contre le peuple juif. Le verset 16, "Tu m'étends dans la poussière de la mort", peut être compris comme une allusion à la situation désespérée du peuple juif face à l'extermination planifiée.

Enfin, le psaume se termine par une note d'espoir et de triomphe, où David annonce qu'il proclamera le Nom de Dieu devant ses frères, tout comme le peuple juif a finalement triomphé de ses ennemis dans l'histoire de Pourim et a célébré la victoire avec des chants, des prières et un festin.

En somme, ce psaume et l'histoire de Pourim partagent des thèmes de désespoir, de moquerie, d'ennemis encerclant, mais aussi de triomphe et de célébration de la victoire.

1 Au chef des chantres. D'après l'Ayyélet Hachahar. Psaume de David. 2 Mon Dieu, mon Dieu, pourquoi m'as-Tu abandonné, loin de me porter secours, d'entendre mes paroles suppliantes? 3 Mon Dieu, j'appelle de jour et Tu ne réponds pas, de nuit, et il n'est pas de trêve pour moi. 4 Tu es pourtant le Saint, trô-

nant au milieu des louanges d'Israël. 5 En toi nos pères ont eu confiance, ils ont eu confiance, et tu les as sauvés. 6 Ils ont crié vers toi et ont été délivrés; ils ont espéré en toi et n'ont pas été déçus. 7 Moi, je suis un vermisseau, et non un homme, l'opprobre des gens, objet de mépris pour le peuple. 8 Tous ceux qui me voient se moquent de moi, grimacent des lèvres, hochent la tête. 9 "Qu'il s'en remette à l'Éternel! Que celui-ci le sauve, qu'il l'arrache du danger, puisqu'il l'aime!" 10 Oui, c'est toi qui m'as tiré des entrailles maternelles, qui m'as fait reposer en sûreté dans le giron de ma mère; 11 entre tes bras j'ai été jeté dès ma naissance, dès le sein de ma mère, tu as été mon Dieu. 12 Ne t'éloigne pas de moi car l'angoisse est proche, et nul n'est là pour m'aider. 13 Des taureaux nombreux m'environnent, des bêtes puissantes de Basan m'assiègent. 14 Ils ouvrent contre moi leur gueule, tel un lion qui déchire et qui rugit. 15 Je suis comme l'eau qu'on répand, tous mes membres se disloquent; mon cœur est comme de la cire, qui fondrait au milieu de mes entrailles. 16 Ma sève est desséchée comme un tesson, ma langue est collée à mon palais; tu m'étends dans la poussière de la mort. 17 Car des chiens m'enveloppent, la bande des méchants fait cercle autour de moi; comme le lion [ils meurtrissent] mes mains et mes pieds. 18 Je pourrais compter tous mes os; eux, ils me toisent et se repaissent de ma vue. 19 Ils se partagent mes habits, ils tirent au sort mes vêtements. 20 Mais toi, ô Seigneur, ne t'éloigne pas; toi, qui es ma force, viens vite à mon secours! 21 Sauve mon âme du glaive, ma vie de la fureur des chiens; 22 arrache-moi de la gueule du lion, protège-moi contre les cornes des buffles. 23 Je proclamerai ton nom devant mes frères, au milieu de l'assemblée, je te louerai. 24 "Adorateurs de l'Éternel, louez-le vous tous, descendants de Jacob, honorez-le; révérez-le, vous tous, postérité d'Israël! 25 Car il n'a point dédaigné, il n'a point méprisé la misère du malheureux; il n'a pas caché de lui son visage, ni manqué de l'entendre quand il implorait!" 26 C'est toi dont je célébrerai les louanges dans la grande assemblée, j'accomplirai mes vœux devant ceux qui te craignent. 27 Les humbles mangeront et seront rassasiés, les adorateurs de l'Éternel le loueront. Que votre cœur renaisse à la vie pour toujours! 28 Les confins de la terre se souviendront et reviendront au Seigneur, toutes les familles des peuples se prosterneront devant lui. 29 Car à l'Éternel appartient la royauté, il domine sur toutes les nations. 30 Ils mangeront et adoreront, tous les heureux de la terre; devant lui s'inclineront ceux qui descendent dans la poussière, incapables de sustenter leur vie. 31 La postérité lui vouera un culte; on parlera du Seigneur aux âges à venir. 32 Ils viendront et proclameront sa justice: ils diront au peuple à naître ce qu'il a fait.

PRIÈRE

Maître du monde, Je me tourne vers Toi, comme l'on fait David, Mardochée et Esther, pour te demander Ton secours. Tu es le Saint, celui qui trône au milieu des louanges d'Israël, et Tu es la source de notre force et de notre salut.

Je T'appelle jour et nuit, mais je sens parfois que Tu ne réponds pas. L'angoisse m'envahit et je me sens seul face aux dangers qui m'entourent. Pourtant, je sais que Tu es là, que Tu m'as fait reposer en sûreté dans le giron de ma mère, et que tu es mon Dieu depuis ma naissance.

Je suis comme un vermisseau, objet de mépris pour les gens qui m'entourent. Ils se moquent de moi, me persécutent et cherchent à me détruire. Mais Toi, Ô Seigneur, Tu es ma force et mon salut. Tu es celui qui peut arracher mon âme du glaive et ma vie de la fureur des chiens.

Je proclamerai Ton Nom devant mes frères, au milieu de l'assemblée, je Te louerai. Et je sais que les humbles mangeront et seront rassasiés, que les adorateurs de l'Éternel Te loueront, et que tous ceux qui descendent dans la poussière s'inclineront devant Toi.

Que Ta royauté s'étende sur toutes les nations, Maître du monde, et que tous les peuples se prosternent devant Toi. Car Tu es notre Dieu, celui qui n'a jamais dédaigné la misère du malheureux, qui n'a jamais caché Ton visage, ni manqué de nous entendre quand nous implorons Ton secours.

C'est pourquoi, je Te demande ….. (Insérer une demande personnelle)

Je Te loue, Seigneur, et je Te remercie pour Ta présence dans ma vie. Que Ta justice soit proclamée aux âges à venir, et que Ta gloire soit éternelle. Amen.

בָּטְחוּ וְלֹא־בֽוֹשׁוּ׃ ז וְאָנֹכִ֣י תוֹלַ֣עַת וְלֹא־אִ֑ישׁ חֶרְפַּ֥ת אָ֝דָ֗ם וּבְז֥וּי עָֽם׃ ח כׇּל־רֹ֭אַי יַלְעִ֣גוּ לִ֑י יַפְטִ֥ירוּ בְ֝שָׂפָ֗ה יָנִ֥יעוּ רֹֽאשׁ׃ ט גֹּ֣ל אֶל־יְהֹוָ֣ה יְפַלְּטֵ֑הוּ יַ֝צִּילֵ֗הוּ כִּ֘י חָ֥פֵֽץ בּֽוֹ׃ י כִּֽי־אַתָּ֣ה גֹחִ֣י מִבָּ֑טֶן מַ֝בְטִיחִ֗י עַל־שְׁדֵ֥י אִמִּֽי׃ יא עָ֭לֶיךָ הׇשְׁלַ֣כְתִּי מֵרָ֑חֶם מִבֶּ֥טֶן אִ֝מִּ֗י אֵ֣לִי אָֽתָּה׃ יב אַל־תִּרְחַ֣ק מִ֭מֶּנִּי כִּי־צָרָ֣ה קְרוֹבָ֑ה כִּי־אֵ֥ין עוֹזֵֽר׃ יג סְ֭בָבוּנִי פָּרִ֣ים רַבִּ֑ים אַבִּירֵ֖י בָשָׁ֣ן כִּתְּרֽוּנִי׃ יד פָּצ֣וּ עָלַ֣י פִּיהֶ֑ם אַ֝רְיֵ֗ה טֹרֵ֥ף וְשֹׁאֵֽג׃ טו כַּמַּ֥יִם נִשְׁפַּכְתִּי֮ וְהִתְפָּ֢רְד֫וּ כׇּֽל־עַצְמוֹתָ֥י הָיָ֣ה לִ֭בִּי כַּדּוֹנָ֑ג נָ֝מֵ֗ס בְּת֣וֹךְ מֵעָֽי׃ טז יָ֘בֵ֤שׁ כַּחֶ֨רֶשׂ ׀ כֹּחִ֗י וּ֭לְשׁוֹנִי מֻדְבָּ֣ק מַלְקוֹחָ֑י וְֽלַעֲפַר־מָ֥וֶת תִּשְׁפְּתֵֽנִי׃ יז כִּ֥י סְבָב֗וּנִי כְּלָ֫בִ֥ים עֲדַ֣ת מְ֭רֵעִים הִקִּיפ֑וּנִי כָּ֝אֲרִ֗י יָדַ֥י וְרַגְלָֽי׃ יח אֲסַפֵּ֥ר כׇּל־עַצְמוֹתָ֑י הֵ֥מָּה יַ֝בִּ֗יטוּ יִרְאוּ־בִֽי׃ יט יְחַלְּק֣וּ בְגָדַ֣י לָהֶ֑ם וְעַל־לְ֝בוּשִׁ֗י יַפִּ֥ילוּ גוֹרָֽל׃ כ וְאַתָּ֣ה יְ֭הֹוָה אַל־תִּרְחָ֑ק אֱ֝יָלוּתִ֗י לְעֶזְרָ֥תִי חֽוּשָׁה׃ כא הַצִּ֣ילָה מֵחֶ֣רֶב נַפְשִׁ֑י מִיַּד־כֶּ֝֗לֶב יְחִידָתִֽי׃ כב ה֭וֹשִׁיעֵנִי מִפִּ֣י אַרְיֵ֑ה וּמִקַּרְנֵ֖י רֵמִ֣ים עֲנִיתָֽנִי׃ כג אֲסַפְּרָ֣ה שִׁמְךָ֣ לְאֶחָ֑י בְּת֖וֹךְ קָהָ֣ל אֲהַלְלֶֽךָּ׃ כד יִרְאֵ֤י יְהֹוָ֨ה ׀ הַֽלְל֗וּהוּ כׇּל־זֶ֣רַע יַעֲקֹ֣ב כַּבְּד֑וּהוּ וְג֥וּרוּ מִ֝מֶּ֗נּוּ כׇּל־זֶ֥רַע יִשְׂרָאֵֽל׃ כה כִּ֤י לֹֽא־בָזָ֨ה וְלֹ֪א שִׁקַּ֡ץ עֱנ֬וּת עָנִ֗י וְלֹא־הִסְתִּ֣יר פָּנָ֣יו מִמֶּ֑נּוּ וּֽבְשַׁוְּע֖וֹ אֵלָ֣יו שָׁמֵֽעַ׃ כו מֵ֥אִתְּךָ֗ תְּֽהִלָּ֫תִ֥י בְּקָהָ֥ל רָ֑ב נְדָרַ֥י אֲ֝שַׁלֵּ֗ם נֶ֣גֶד יְרֵאָֽיו׃ כז יֹאכְל֬וּ עֲנָוִ֨ים ׀ וְיִשְׂבָּ֗עוּ יְהַלְל֣וּ יְ֭הֹוָה דֹּ֣רְשָׁ֑יו יְחִ֖י לְבַבְכֶ֣ם לָעַֽד׃ כח יִזְכְּר֤וּ ׀ וְיָשֻׁ֣בוּ אֶל־יְ֭הֹוָה כׇּל־אַפְסֵי־אָ֑רֶץ וְיִֽשְׁתַּחֲו֥וּ לְ֝פָנֶ֗יךָ כׇּֽל־מִשְׁפְּח֥וֹת גּוֹיִֽם׃ כט כִּ֣י לַ֭יהֹוָה הַמְּלוּכָ֑ה וּ֝מֹשֵׁ֗ל בַּגּוֹיִֽם׃ ל אָכְל֬וּ וַיִּֽשְׁתַּחֲו֨וּ ׀ כׇּֽל־דִּשְׁנֵי־אֶ֗רֶץ לְפָנָ֣יו יִ֭כְרְעוּ כׇּל־יוֹרְדֵ֣י עָפָ֑ר וְ֝נַפְשׁ֗וֹ לֹ֣א חִיָּֽה׃ לא זֶ֥רַע יַֽעַבְדֶ֑נּוּ יְסֻפַּ֖ר לַאדֹנָ֣י לַדּֽוֹר׃ לב יָ֭בֹאוּ וְיַגִּ֣ידוּ צִדְקָת֑וֹ לְעַ֥ם נ֝וֹלָ֗ד כִּ֣י עָשָֽׂה׃

PSAUME DE POURIM

- Le jour du jeûne d'Esther, il est bien de réciter le Psaume 22, qui est considéré comme un remède particulier pour nous aider à ce que nos prières soient acceptées.

- D'après le Chlah Hakadoch, ce Psaume est considéré comme un merveilleux remède, pour que nos prières soient acceptées, tout au long de l'année.

- Le Hida recommande d'allumer deux bougies, une pour le juste Mardochée et l'autre pour la reine Esther, et de demander qu'ils intercèdent en notre faveur, devant le Créateur du monde.

- Le livre "Kav Hayachar" conseille de réciter le Psaume 22 le jour du jeûne d'Esther et de demander tout ce dont on a besoin en s'adressant à Dieu. Il est important de se souvenir de Mardochée et Esther, grâce à qui le Saint béni soit-Il a répondu favorablement.

- En suivant ces conseils, il est possible d'espérer que les portes de la miséricorde s'ouvriront et que notre prière sera acceptée.

PSAUME 22

Le psaume 22 écrit par le Roi David, présente plusieurs similitudes avec l'histoire de Pourim. Tout d'abord, le psaume commence par le cri de désespoir "Mon Dieu, mon Dieu, pourquoi m'as-tu abandonné?", qui est similaire au sentiment de désespoir ressenti par Esther et le peuple juif face à la menace imminente de leur destruction.

De plus, les versets 7-9 du Psaume évoquent la moquerie et le mépris des gens envers David, tout comme Aman, l'ennemi du peuple juif dans l'histoire de Pourim, a cherché à les ridiculiser et à les détruire.

Ce Psaume décrit également des ennemis qui encerclent David, tout comme le complot ourdi par Aman contre le peuple juif. Le verset 16, "Tu m'étends dans la poussière de la mort", peut être compris comme une allusion à la situation désespérée du peuple juif face à l'extermination planifiée.

Enfin, le psaume se termine par une note d'espoir et de triomphe, où David annonce qu'il proclamera le Nom de Dieu devant ses frères, tout comme le peuple juif a finalement triomphé de ses ennemis dans l'histoire de Pourim et a célébré la victoire avec des chants, des prières et un festin.

En somme, ce psaume et l'histoire de Pourim partagent des thèmes de désespoir, de moquerie, d'ennemis encerclant, mais aussi de triomphe et de célébration de la victoire.

א לַמְנַצֵּחַ עַל־אַיֶּלֶת הַשַּׁחַר מִזְמוֹר לְדָוִד: ב אֵלִי אֵלִי לָמָה עֲזַבְתָּנִי רָחוֹק מִישׁוּעָתִי דִּבְרֵי שַׁאֲגָתִי: ג אֱלֹהַי אֶקְרָא יוֹמָם וְלֹא תַעֲנֶה וְלַיְלָה וְלֹא־דֻמִיָּה לִי: ד וְאַתָּה קָדוֹשׁ יוֹשֵׁב תְּהִלּוֹת יִשְׂרָאֵל: ה בְּךָ בָּטְחוּ אֲבֹתֵינוּ בָּטְחוּ וַתְּפַלְּטֵמוֹ: ו אֵלֶיךָ זָעֲקוּ וְנִמְלָטוּ בְּךָ

COUTUME HABAD :

Après la lecture de la Mégillah en public, on prononce la bénédiction "Harav èt Rivénou" (pas individuellement) et ensuite on dit ceci :

שׁוֹשַׁנַּת יַעֲקֹב צָהֲלָה וְשָׂמֵחָה בִּרְאוֹתָם יַחַד תְּכֵלֶת מָרְדְּכָי:

תְּשׁוּעָתָם הָיִיתָ לָנֶצַח. וְתִקְוָתָם בְּכָל דּוֹר וָדוֹר:

לְהוֹדִיעַ שֶׁכָּל קֹוֶיךָ לֹא יֵבֹשׁוּ. וְלֹא יִכָּלְמוּ לָנֶצַח כָּל הַחוֹסִים בָּךְ:

אָרוּר הָמָן אֲשֶׁר בִּקֵּשׁ לְאַבְּדִי:

בָּרוּךְ מָרְדְּכַי הַיְּהוּדִי:

אֲרוּרָה זֶרֶשׁ אֵשֶׁת מַפְחִידִי:

בְּרוּכָה אֶסְתֵּר בַּעֲדִי:

אֲרוּרִים כָּל הָרְשָׁעִים:

בְּרוּכִים כָּל הַצַּדִּיקִים:

וְגַם חַרְבוֹנָה זָכוּר לַטּוֹב:

חֶסֶד גָּבַר עַל שִׁגְגַת אָב, וְרָשָׁע הוֹסִיף חֵטְא עַל חֲטָאָיו:

טָמַן בְּלִבּוֹ מַחְשְׁבוֹת עֲרוּמָיו, וַיִּתְמַכֵּר לַעֲשׂוֹת רָעָה:

יָדוֹ שָׁלַח בִּקְדוֹשֵׁי אֵל, כַּסְפּוֹ נָתַן לְהַכְרִית זִכְרָם:

כִּרְאוֹת מָרְדְּכַי כִּי יָצָא קֶצֶף, וְדָתֵי הָמָן נִתְּנוּ בְשׁוּשָׁן:

לָבַשׁ שַׂק וְקָשַׁר מִסְפֵּד, וְגָזַר צוֹם וַיֵּשֶׁב עַל הָאֵפֶר:

מִי זֶה יַעֲמֹד לְכַפֵּר שְׁגָגָה, וְלִמְחֹל חַטַּאת עֲוֹן אֲבוֹתֵינוּ:

נֵץ פָּרַח מִלּוּלָב, הֵן הֲדַסָּה עָמְדָה לְעוֹרֵר יְשֵׁנִים:

סָרִיסֶיהָ הִבְהִילוּ לְהָמָן, לְהַשְׁקוֹתוֹ יֵין חֲמַת תַּנִּינִים:

עָמַד בְּעָשְׁרוֹ וְנָפַל בְּרִשְׁעוֹ, עָשָׂה לוֹ עֵץ וְנִתְלָה עָלָיו:

פִּיהֶם פָּתְחוּ כָּל יוֹשְׁבֵי תֵבֵל, כִּי פוּר הָמָן נֶהְפַּךְ לְפוּרֵנוּ:

צַדִּיק נֶחֱלַץ מִיַּד רָשָׁע, אוֹיֵב נִתַּן תַּחַת נַפְשׁוֹ:

קִיְּמוּ עֲלֵיהֶם לַעֲשׂוֹת פּוּרִים, וְלִשְׂמֹחַ בְּכָל שָׁנָה וְשָׁנָה:

רָאִיתָ אֶת תְּפִלַּת מָרְדְּכַי וְאֶסְתֵּר. הָמָן וּבָנָיו עַל הָעֵץ תָּלִיתָ:

שׁוֹשַׁנַּת יַעֲקֹב צָהֲלָה וְשָׂמֵחָה, בִּרְאוֹתָם יַחַד תְּכֵלֶת מָרְדְּכָי:

תְּשׁוּעָתָם הָיִיתָ לָנֶצַח, וְתִקְוָתָם בְּכָל דּוֹר וָדוֹר:

לְהוֹדִיעַ שֶׁכָּל קֹוֶיךָ לֹא יֵבֹשׁוּ, וְלֹא יִכָּלְמוּ לָנֶצַח כָּל הַחוֹסִים בָּךְ:

אָרוּר הָמָן אֲשֶׁר בִּקֵּשׁ לְאַבְּדִי. בָּרוּךְ מָרְדְּכַי הַיְּהוּדִי:

אֲרוּרָה זֶרֶשׁ אֵשֶׁת מַפְחִידִי. בְּרוּכָה אֶסְתֵּר [מְגִנָּה] בַּעֲדִי:

אֲרוּרִים כָּל הָרְשָׁעִים. בְּרוּכִים כָּל הַצַּדִּיקִים. [אֲרוּרִים כָּל הַגּוֹיִים. בְּרוּכִים כָּל יִשְׂרָאֵל:] וְגַם חַרְבוֹנָה זָכוּר לַטּוֹב:

COUTUME SÉFARADE:

Après la bénédiction, l'officiant lit chaque section trois fois et les fidèles répondent.

אָרוּר הָמָן. אָרוּר הָמָן. אָרוּר הָמָן:

בָּרוּךְ מָרְדְּכַי. בָּרוּךְ מָרְדְּכַי. בָּרוּךְ מָרְדְּכַי:

אֲרוּרָה זֶרֶשׁ. אֲרוּרָה זֶרֶשׁ. אֲרוּרָה זֶרֶשׁ:

בְּרוּכָה אֶסְתֵּר. בְּרוּכָה אֶסְתֵּר. בְּרוּכָה אֶסְתֵּר:

אֲרוּרִים כָּל הָרְשָׁעִים. אֲרוּרִים כָּל הָרְשָׁעִים. אֲרוּרִים כָּל הָרְשָׁעִים:

בְּרוּכִים כָּל יִשְׂרָאֵל. בְּרוּכִים כָּל יִשְׂרָאֵל. בְּרוּכִים כָּל יִשְׂרָאֵל:

וְגַם חַרְבוֹנָה זָכוּר לַטּוֹב:

COUTUME ACHKÉNAZE :

Pendant la prière du matin, on commence par "Choshanat Ya'akov". Certains ont la coutume de dire "Acher Haniya" même pendant la prière du matin, s'il n'y a pas de piyoutim dans la répétition de l'officiant.

אֲשֶׁר הֵנִיא עֲצַת גּוֹיִם, וַיָּפֶר מַחְשְׁבוֹת עֲרוּמִים:

בְּקוּם עָלֵינוּ אָדָם רָשָׁע, נֵצֶר זָדוֹן מִזֶּרַע עֲמָלֵק:

גָּאָה בְעָשְׁרוֹ וְכָרָה לוֹ בּוֹר, וּגְדֻלָּתוֹ יָקְשָׁה לּוֹ לָכֶד:

דִּמָּה בְנַפְשׁוֹ לִלְכֹּד וְנִלְכָּד, בִּקֵּשׁ לְהַשְׁמִיד וְנִשְׁמַד מְהֵרָה:

הָמָן הוֹדִיעַ אֵיבַת אֲבוֹתָיו, וְעוֹרֵר שִׂנְאַת אַחִים לַבָּנִים:

וְלֹא זָכַר רַחֲמֵי שָׁאוּל, כִּי בְחֶמְלָתוֹ עַל אֲגָג נוֹלַד אוֹיֵב:

זָמַם רָשָׁע לְהַכְרִית צַדִּיק, וְנִלְכַּד טָמֵא בִּידֵי טָהוֹר:

שְׁנֵי הַיָּמִים הָאֵלֶּה כִּכְתָבָם וְכִזְמַנָּם בְּכָל־שָׁנָה וְשָׁנָה: כח וְהַיָּמִים הָאֵלֶּה נִזְכָּרִים וְנַעֲשִׂים בְּכָל־דּוֹר וָדוֹר מִשְׁפָּחָה וּמִשְׁפָּחָה מְדִינָה וּמְדִינָה וְעִיר וָעִיר וִימֵי הַפּוּרִים הָאֵלֶּה לֹא יַעַבְרוּ מִתּוֹךְ הַיְּהוּדִים וְזִכְרָם לֹא־יָסוּף מִזַּרְעָם: ס כט וַתִּכְתֹּב אֶסְתֵּר הַמַּלְכָּה בַת־אֲבִיחַיִל וּמָרְדֳּכַי הַיְּהוּדִי אֶת־כָּל־תֹּקֶף לְקַיֵּם אֵת אִגֶּרֶת הַפֻּרִים הַזֹּאת הַשֵּׁנִית: ל וַיִּשְׁלַח סְפָרִים אֶל־כָּל־הַיְּהוּדִים אֶל־שֶׁבַע וְעֶשְׂרִים וּמֵאָה מְדִינָה מַלְכוּת אֲחַשְׁוֵרוֹשׁ דִּבְרֵי שָׁלוֹם וֶאֱמֶת: לא לְקַיֵּם אֶת־יְמֵי הַפֻּרִים הָאֵלֶּה בִּזְמַנֵּיהֶם כַּאֲשֶׁר קִיַּם עֲלֵיהֶם מָרְדֳּכַי הַיְּהוּדִי וְאֶסְתֵּר הַמַּלְכָּה וְכַאֲשֶׁר קִיְּמוּ עַל־נַפְשָׁם וְעַל־זַרְעָם דִּבְרֵי הַצֹּמוֹת וְזַעֲקָתָם: {לב} וּמַאֲמַר אֶסְתֵּר קִיַּם דִּבְרֵי הַפֻּרִים הָאֵלֶּה וְנִכְתָּב בַּסֵּפֶר: ס

י

א וַיָּשֶׂם הַמֶּלֶךְ (אחשרש) אֲחַשְׁוֵרוֹשׁ ׀ מַס עַל־הָאָרֶץ וְאִיֵּי הַיָּם: ב וְכָל־מַעֲשֵׂה תָקְפּוֹ וּגְבוּרָתוֹ וּפָרָשַׁת גְּדֻלַּת מָרְדֳּכַי אֲשֶׁר גִּדְּלוֹ הַמֶּלֶךְ הֲלוֹא־הֵם כְּתוּבִים עַל־סֵפֶר דִּבְרֵי הַיָּמִים לְמַלְכֵי מָדַי וּפָרָס: ג כִּי ׀ מָרְדֳּכַי הַיְּהוּדִי מִשְׁנֶה לַמֶּלֶךְ אֲחַשְׁוֵרוֹשׁ וְגָדוֹל לַיְּהוּדִים וְרָצוּי לְרֹב אֶחָיו דֹּרֵשׁ טוֹב לְעַמּוֹ וְדֹבֵר שָׁלוֹם לְכָל־זַרְעוֹ: פפפ

Cette bénédiction est récitée uniquement par celui qui lit la Meguila en public.

בָּרוּךְ אַתָּה יְהֹוָה אֱלֹהֵינוּ מֶלֶךְ הָעוֹלָם, הָרָב אֶת רִיבֵנוּ, וְהַדָּן אֶת דִּינֵנוּ, וְהַנּוֹקֵם אֶת נִקְמָתֵנוּ, וְהַמְשַׁלֵּם גְּמוּל לְכָל אוֹיְבֵי נַפְשֵׁנוּ, וְהַנִּפְרָע לָנוּ מִצָּרֵינוּ. בָּרוּךְ אַתָּה יְהֹוָה, הַנִּפְרָע לְעַמּוֹ יִשְׂרָאֵל מִכָּל צָרֵיהֶם, הָאֵל הַמּוֹשִׁיעַ:

שְׁלֹשׁ מֵאוֹת אִישׁ וּבַבִּזָּה לֹא שָׁלְחוּ אֶת־יָדָם: טז וּשְׁאָר הַיְּהוּדִים אֲשֶׁר בִּמְדִינוֹת הַמֶּלֶךְ נִקְהֲלוּ ׀ וְעָמֹד עַל־נַפְשָׁם וְנוֹחַ מֵאֹיְבֵיהֶם וְהָרֹג בְּשֹׂנְאֵיהֶם חֲמִשָּׁה וְשִׁבְעִים אָלֶף וּבַבִּזָּה לֹא שָׁלְחוּ אֶת־יָדָם: יז בְּיוֹם־שְׁלֹשָׁה עָשָׂר לְחֹדֶשׁ אֲדָר וְנוֹחַ בְּאַרְבָּעָה עָשָׂר בּוֹ וְעָשֹׂה אֹתוֹ יוֹם מִשְׁתֶּה וְשִׂמְחָה: יח (וְהַיְּהוּדִים) וְהַיְּהוּדִיים אֲשֶׁר־בְּשׁוּשָׁן נִקְהֲלוּ בִּשְׁלֹשָׁה עָשָׂר בּוֹ וּבְאַרְבָּעָה עָשָׂר בּוֹ וְנוֹחַ בַּחֲמִשָּׁה עָשָׂר בּוֹ וְעָשֹׂה אֹתוֹ יוֹם מִשְׁתֶּה וְשִׂמְחָה: יט עַל־כֵּן הַיְּהוּדִים (הַפְּרוֹזִים) הַפְּרָזִים הַיֹּשְׁבִים בְּעָרֵי הַפְּרָזוֹת עֹשִׂים אֵת יוֹם אַרְבָּעָה עָשָׂר לְחֹדֶשׁ אֲדָר שִׂמְחָה וּמִשְׁתֶּה וְיוֹם טוֹב וּמִשְׁלוֹחַ מָנוֹת אִישׁ לְרֵעֵהוּ: כ וַיִּכְתֹּב מָרְדֳּכַי אֶת־הַדְּבָרִים הָאֵלֶּה וַיִּשְׁלַח סְפָרִים אֶל־כָּל־הַיְּהוּדִים אֲשֶׁר בְּכָל־מְדִינוֹת הַמֶּלֶךְ אֲחַשְׁוֵרוֹשׁ הַקְּרוֹבִים וְהָרְחוֹקִים: כא לְקַיֵּם עֲלֵיהֶם לִהְיוֹת עֹשִׂים אֵת יוֹם אַרְבָּעָה עָשָׂר לְחֹדֶשׁ אֲדָר וְאֵת יוֹם־חֲמִשָּׁה עָשָׂר בּוֹ בְּכָל־שָׁנָה וְשָׁנָה: כב כַּיָּמִים אֲשֶׁר־נָחוּ בָהֶם הַיְּהוּדִים מֵאֹיְבֵיהֶם וְהַחֹדֶשׁ אֲשֶׁר נֶהְפַּךְ לָהֶם מִיָּגוֹן לְשִׂמְחָה וּמֵאֵבֶל לְיוֹם טוֹב לַעֲשׂוֹת אוֹתָם יְמֵי מִשְׁתֶּה וְשִׂמְחָה וּמִשְׁלוֹחַ מָנוֹת אִישׁ לְרֵעֵהוּ וּמַתָּנוֹת לָאֶבְיוֹנִים: כג וְקִבֵּל הַיְּהוּדִים אֵת אֲשֶׁר־הֵחֵלּוּ לַעֲשׂוֹת וְאֵת אֲשֶׁר־כָּתַב מָרְדֳּכַי אֲלֵיהֶם: כד כִּי הָמָן בֶּן־הַמְּדָתָא הָאֲגָגִי צֹרֵר כָּל־הַיְּהוּדִים חָשַׁב עַל־הַיְּהוּדִים לְאַבְּדָם וְהִפִּיל פּוּר הוּא הַגּוֹרָל לְהֻמָּם וּלְאַבְּדָם: כה וּבְבֹאָהּ לִפְנֵי הַמֶּלֶךְ אָמַר עִם־הַסֵּפֶר יָשׁוּב מַחֲשַׁבְתּוֹ הָרָעָה אֲשֶׁר־חָשַׁב עַל־הַיְּהוּדִים עַל־רֹאשׁוֹ וְתָלוּ אֹתוֹ וְאֶת־בָּנָיו עַל־הָעֵץ: כו עַל־כֵּן קָרְאוּ לַיָּמִים הָאֵלֶּה פוּרִים עַל־שֵׁם הַפּוּר עַל־כֵּן עַל־כָּל־דִּבְרֵי הָאִגֶּרֶת הַזֹּאת וּמָה־רָאוּ עַל־כָּכָה וּמָה הִגִּיעַ אֲלֵיהֶם: כז קִיְּמוּ (וְקִבֵּל) וְקִבְּלוּ הַיְּהוּדִים ׀ עֲלֵיהֶם ׀ וְעַל־זַרְעָם וְעַל כָּל־הַנִּלְוִים עֲלֵיהֶם וְלֹא יַעֲבוֹר לִהְיוֹת עֹשִׂים אֵת

ט

א וּבִשְׁנֵים֩ עָשָׂ֨ר חֹ֜דֶשׁ הוּא־חֹ֣דֶשׁ אֲדָ֗ר בִּשְׁלוֹשָׁ֨ה עָשָׂ֥ר יוֹם֙ בּ֔וֹ אֲשֶׁ֨ר הִגִּ֧יעַ דְּבַר־הַמֶּ֛לֶךְ וְדָת֖וֹ לְהֵעָשׂ֑וֹת בַּיּ֗וֹם אֲשֶׁ֨ר שִׂבְּר֜וּ אֹיְבֵ֤י הַיְּהוּדִים֙ לִשְׁל֣וֹט בָּהֶ֔ם וְנַהֲפ֣וֹךְ ה֔וּא אֲשֶׁ֨ר יִשְׁלְט֧וּ הַיְּהוּדִ֛ים הֵ֖מָּה בְּשֹׂנְאֵיהֶֽם: ב נִקְהֲל֨וּ הַיְּהוּדִ֜ים בְּעָרֵיהֶ֗ם בְּכָל־מְדִינוֹת֙ הַמֶּ֣לֶךְ אֲחַשְׁוֵר֔וֹשׁ לִשְׁלֹ֣חַ יָ֔ד בִּמְבַקְשֵׁ֖י רָֽעָתָ֑ם וְאִישׁ֙ לֹא־עָמַ֣ד לִפְנֵיהֶ֔ם כִּֽי־נָפַ֥ל פַּחְדָּ֖ם עַל־כָּל־הָֽעַמִּֽים: ג וְכָל־שָׂרֵ֨י הַמְּדִינ֜וֹת וְהָאֲחַשְׁדַּרְפְּנִ֣ים וְהַפַּח֗וֹת וְעֹשֵׂ֤י הַמְּלָאכָה֙ אֲשֶׁ֣ר לַמֶּ֔לֶךְ מְנַשְּׂאִ֖ים אֶת־הַיְּהוּדִ֑ים כִּֽי־נָפַ֥ל פַּֽחַד־מָרְדֳּכַ֖י עֲלֵיהֶֽם: ד כִּֽי־גָד֤וֹל מָרְדֳּכַי֙ בְּבֵ֣ית הַמֶּ֔לֶךְ וְשָׁמְע֖וֹ הוֹלֵ֣ךְ בְּכָל־הַמְּדִינ֑וֹת כִּֽי־הָאִ֥ישׁ מָרְדֳּכַ֖י הוֹלֵ֥ךְ וְגָדֽוֹל: ה וַיַּכּ֤וּ הַיְּהוּדִים֙ בְּכָל־אֹ֣יְבֵיהֶ֔ם מַכַּת־חֶ֥רֶב וְהֶ֖רֶג וְאַבְדָ֑ן וַיַּעֲשׂ֥וּ בְשֹׂנְאֵיהֶ֖ם כִּרְצוֹנָֽם: ו וּבְשׁוּשַׁ֣ן הַבִּירָ֗ה הָרְג֤וּ הַיְּהוּדִים֙ וְאַבֵּ֔ד חֲמֵ֥שׁ מֵא֖וֹת אִֽישׁ: ס ז וְאֵ֧ת ׀ פַּרְשַׁנְדָּ֛תָא וְאֵ֥ת ׀ דַּֽלְפ֖וֹן וְאֵ֥ת ׀ אַסְפָּֽתָא: ח וְאֵ֧ת ׀ פּוֹרָ֛תָא וְאֵ֥ת ׀ אֲדַלְיָ֖א וְאֵ֥ת ׀ אֲרִידָֽתָא: ט וְאֵ֤ת ׀ פַּרְמַ֙שְׁתָּא֙ וְאֵ֣ת ׀ אֲרִיסַ֔י וְאֵ֥ת ׀ אֲרִדַ֖י וְאֵ֥ת ׀ וַיְזָֽתָא: י עֲ֠שֶׂרֶת בְּנֵ֨י הָמָ֧ן בֶּֽן־הַמְּדָ֛תָא צֹרֵ֥ר הַיְּהוּדִ֖ים הָרָ֑גוּ וּבַ֨בִּזָּ֔ה לֹ֥א שָׁלְח֖וּ אֶת־יָדָֽם: יא בַּיּ֣וֹם הַה֗וּא בָּ֣א מִסְפַּ֧ר הַֽהֲרוּגִ֛ים בְּשׁוּשַׁ֥ן הַבִּירָ֖ה לִפְנֵ֥י הַמֶּֽלֶךְ: יב וַיֹּ֨אמֶר הַמֶּ֜לֶךְ לְאֶסְתֵּ֣ר הַמַּלְכָּ֗ה בְּשׁוּשַׁ֣ן הַבִּירָ֡ה הָרְגוּ֩ הַיְּהוּדִ֨ים וְאַבֵּ֜ד חֲמֵ֧שׁ מֵא֣וֹת אִ֗ישׁ וְאֵת֙ עֲשֶׂ֣רֶת בְּנֵֽי־הָמָ֔ן בִּשְׁאָ֛ר מְדִינ֥וֹת הַמֶּ֖לֶךְ מֶ֣ה עָשׂ֑וּ וּמַה־שְּׁאֵֽלָתֵךְ֙ וְיִנָּ֣תֵֽן לָ֔ךְ וּמַה־בַּקָּשָׁתֵ֥ךְ ע֖וֹד וְתֵעָֽשׂ: יג וַתֹּ֤אמֶר אֶסְתֵּר֙ אִם־עַל־הַמֶּ֣לֶךְ ט֔וֹב יִנָּתֵ֣ן גַּם־מָחָ֗ר לַיְּהוּדִים֙ אֲשֶׁ֣ר בְּשׁוּשָׁ֔ן לַעֲשׂ֖וֹת כְּדָ֣ת הַיּ֑וֹם וְאֵ֛ת עֲשֶׂ֥רֶת בְּנֵֽי־הָמָ֖ן יִתְל֥וּ עַל־הָעֵֽץ: יד וַיֹּ֤אמֶר הַמֶּ֙לֶךְ֙ לְהֵעָשׂ֣וֹת כֵּ֔ן וַתִּנָּתֵ֥ן דָּ֖ת בְּשׁוּשָׁ֑ן וְאֵ֛ת עֲשֶׂ֥רֶת בְּנֵֽי־הָמָ֖ן תָּלֽוּ: טו וַיִּקָּהֲל֞וּ (הַיְּהוּדִיִּים) הַיְּהוּדִ֣ים אֲשֶׁר־בְּשׁוּשָׁ֗ן גַּ֠ם בְּי֨וֹם אַרְבָּעָ֤ה עָשָׂר֙ לְחֹ֣דֶשׁ אֲדָ֔ר וַיַּֽהַרְג֣וּ בְשׁוּשָׁ֔ן

בַּיְּהוּדִֽים: ח וְאַתֶּ֞ם כִּתְב֤וּ עַל־הַיְּהוּדִים֙ כַּטּ֣וֹב בְּעֵֽינֵיכֶ֔ם בְּשֵׁ֣ם הַמֶּ֔לֶךְ וְחִתְמ֖וּ בְּטַבַּ֣עַת הַמֶּ֑לֶךְ כִּֽי־כְתָ֞ב אֲשֶׁר־נִכְתָּ֣ב בְּשֵׁם־הַמֶּ֗לֶךְ וְנַחְתּ֛וֹם בְּטַבַּ֥עַת הַמֶּ֖לֶךְ אֵ֥ין לְהָשִֽׁיב: ט וַיִּקָּרְא֣וּ סֹפְרֵֽי־הַמֶּ֣לֶךְ בָּֽעֵת־הַ֠הִיא בַּחֹ֨דֶשׁ הַשְּׁלִישִׁ֜י הוּא־חֹ֣דֶשׁ סִיוָ֗ן בִּשְׁלוֹשָׁ֣ה וְעֶשְׂרִים֮ בּוֹ֒ וַיִּכָּתֵ֣ב כְּֽכׇל־אֲשֶׁר־צִוָּ֣ה מׇרְדֳּכַ֣י אֶל־הַיְּהוּדִ֡ים וְאֶ֣ל הָאֲחַשְׁדַּרְפְּנִֽים־וְהַפַּחוֹת֩ וְשָׂרֵ֨י הַמְּדִינ֜וֹת אֲשֶׁ֣ר ׀ מֵהֹ֣דּוּ וְעַד־כּ֗וּשׁ שֶׁ֣בַע וְעֶשְׂרִ֤ים וּמֵאָה֙ מְדִינָ֔ה מְדִינָ֤ה וּמְדִינָה֙ כִּכְתָבָ֔הּ וְעַ֥ם וָעָ֖ם כִּלְשֹׁנ֑וֹ וְאֶ֨ל־הַיְּהוּדִ֔ים כִּכְתָבָ֖ם וְכִלְשׁוֹנָֽם: י וַיִּכְתֹּ֗ב בְּשֵׁם֙ הַמֶּ֣לֶךְ אֲחַשְׁוֵרֹ֔שׁ וַיַּחְתֹּ֖ם בְּטַבַּ֣עַת הַמֶּ֑לֶךְ וַיִּשְׁלַ֣ח סְפָרִ֡ים בְּיַד֩ הָרָצִ֨ים בַּסּוּסִ֜ים רֹכְבֵ֤י הָרֶ֙כֶשׁ֙ הָאֲחַשְׁתְּרָנִ֔ים בְּנֵ֖י הָֽרַמָּכִֽים: יא אֲשֶׁר֩ נָתַ֨ן הַמֶּ֜לֶךְ לַיְּהוּדִ֣ים ׀ אֲשֶׁ֣ר בְּכׇל־עִיר־וָעִ֗יר לְהִקָּהֵל֘ וְלַעֲמֹ֣ד עַל־נַפְשָׁם֒ לְהַשְׁמִיד֩ וְלַהֲרֹ֨ג וּלְאַבֵּ֜ד אֶת־כׇּל־חֵ֨יל עַ֧ם וּמְדִינָ֛ה הַצָּרִ֥ים אֹתָ֖ם טַ֣ף וְנָשִׁ֑ים וּשְׁלָלָ֖ם לָבֽוֹז: יב בְּי֣וֹם אֶחָ֔ד בְּכׇל־מְדִינ֖וֹת הַמֶּ֣לֶךְ אֲחַשְׁוֵר֑וֹשׁ בִּשְׁלוֹשָׁ֥ה עָשָׂ֛ר לְחֹ֥דֶשׁ שְׁנֵים־עָשָׂ֖ר הוּא־חֹ֥דֶשׁ אֲדָֽר: יג פַּתְשֶׁ֣גֶן הַכְּתָ֗ב לְהִנָּ֤תֵֽן דָּת֙ בְּכׇל־מְדִינָ֣ה וּמְדִינָ֔ה גָּל֖וּי לְכׇל־הָעַמִּ֑ים וְלִהְי֨וֹת (היהודיים) [הַיְּהוּדִ֤ים] (עתודים) [עֲתִידִים֙] לַיּ֣וֹם הַזֶּ֔ה לְהִנָּקֵ֖ם מֵאֹיְבֵיהֶֽם: יד הָרָצִ֞ים רֹכְבֵ֤י הָרֶ֙כֶשׁ֙ הָֽאֲחַשְׁתְּרָנִ֔ים יָצְא֛וּ מְבֹהָלִ֥ים וּדְחוּפִ֖ים בִּדְבַ֣ר הַמֶּ֑לֶךְ וְהַדָּ֥ת נִתְּנָ֖ה בְּשׁוּשַׁ֥ן הַבִּירָֽה: ס טו **וּמׇרְדֳּכַ֞י יָצָ֣א ׀ מִלִּפְנֵ֣י הַמֶּ֗לֶךְ בִּלְב֤וּשׁ מַלְכוּת֙ תְּכֵ֣לֶת וָח֔וּר וַעֲטֶ֤רֶת זָהָב֙ גְּדוֹלָ֔ה וְתַכְרִ֥יךְ בּ֖וּץ וְאַרְגָּמָ֑ן וְהָעִ֣יר שׁוּשָׁ֔ן צָהֲלָ֖ה וְשָׂמֵֽחָה:** טז לַיְּהוּדִ֕ים הָֽיְתָ֥ה אוֹרָ֖ה וְשִׂמְחָ֑ה וְשָׂשֹׂ֖ן וִיקָֽר: יז וּבְכׇל־מְדִינָ֣ה וּמְדִינָ֗ה וּבְכׇל־עִ֣יר וָעִ֔יר מְקוֹם֙ אֲשֶׁ֣ר דְּבַר־הַמֶּ֤לֶךְ וְדָתוֹ֙ מַגִּ֔יעַ שִׂמְחָ֤ה וְשָׂשׂוֹן֙ לַיְּהוּדִ֔ים מִשְׁתֶּ֖ה וְי֣וֹם ט֑וֹב וְרַבִּ֞ים מֵֽעַמֵּ֤י הָאָ֙רֶץ֙ מִֽתְיַהֲדִ֔ים כִּֽי־נָפַ֥ל פַּֽחַד־הַיְּהוּדִ֖ים עֲלֵיהֶֽם:

כִּי־כָלְתָה אֵלָיו הָרָעָה מֵאֵת הַמֶּלֶךְ: ח וְהַמֶּלֶךְ שָׁב מִגִּנַּת הַבִּיתָן אֶל־בֵּית ׀ מִשְׁתֵּה הַיַּיִן וְהָמָן נֹפֵל עַל־הַמִּטָּה אֲשֶׁר אֶסְתֵּר עָלֶיהָ וַיֹּאמֶר הַמֶּלֶךְ הֲגַם לִכְבּוֹשׁ אֶת־הַמַּלְכָּה עִמִּי בַּבָּיִת הַדָּבָר יָצָא מִפִּי הַמֶּלֶךְ וּפְנֵי הָמָן חָפוּ: ט וַיֹּאמֶר חַרְבוֹנָה אֶחָד מִן־הַסָּרִיסִים לִפְנֵי הַמֶּלֶךְ גַּם הִנֵּה־הָעֵץ אֲשֶׁר־עָשָׂה הָמָן לְמָרְדֳּכַי אֲשֶׁר דִּבֶּר־טוֹב עַל־הַמֶּלֶךְ עֹמֵד בְּבֵית הָמָן גָּבֹהַּ חֲמִשִּׁים אַמָּה וַיֹּאמֶר הַמֶּלֶךְ תְּלֻהוּ עָלָיו: י וַיִּתְלוּ אֶת־הָמָן עַל־הָעֵץ אֲשֶׁר־הֵכִין לְמָרְדֳּכָי וַחֲמַת הַמֶּלֶךְ שָׁכָכָה: ס

ח

א בַּיּוֹם הַהוּא נָתַן הַמֶּלֶךְ אֲחַשְׁוֵרוֹשׁ לְאֶסְתֵּר הַמַּלְכָּה אֶת־בֵּית הָמָן צֹרֵר (הַיְּהוּדִיִּים) הַיְּהוּדִים וּמָרְדֳּכַי בָּא לִפְנֵי הַמֶּלֶךְ כִּי־הִגִּידָה אֶסְתֵּר מַה הוּא־לָהּ: ב וַיָּסַר הַמֶּלֶךְ אֶת־טַבַּעְתּוֹ אֲשֶׁר הֶעֱבִיר מֵהָמָן וַיִּתְּנָהּ לְמָרְדֳּכָי וַתָּשֶׂם אֶסְתֵּר אֶת־מָרְדֳּכַי עַל־בֵּית הָמָן: ס ג וַתּוֹסֶף אֶסְתֵּר וַתְּדַבֵּר לִפְנֵי הַמֶּלֶךְ וַתִּפֹּל לִפְנֵי רַגְלָיו וַתֵּבְךְּ וַתִּתְחַנֶּן־לוֹ לְהַעֲבִיר אֶת־רָעַת הָמָן הָאֲגָגִי וְאֵת מַחֲשַׁבְתּוֹ אֲשֶׁר חָשַׁב עַל־הַיְּהוּדִים: ד וַיּוֹשֶׁט הַמֶּלֶךְ לְאֶסְתֵּר אֵת שַׁרְבִט הַזָּהָב וַתָּקָם אֶסְתֵּר וַתַּעֲמֹד לִפְנֵי הַמֶּלֶךְ: ה וַתֹּאמֶר אִם־עַל־הַמֶּלֶךְ טוֹב וְאִם־מָצָאתִי חֵן לְפָנָיו וְכָשֵׁר הַדָּבָר לִפְנֵי הַמֶּלֶךְ וְטוֹבָה אֲנִי בְּעֵינָיו יִכָּתֵב לְהָשִׁיב אֶת־הַסְּפָרִים מַחֲשֶׁבֶת הָמָן בֶּן־הַמְּדָתָא הָאֲגָגִי אֲשֶׁר כָּתַב לְאַבֵּד אֶת־הַיְּהוּדִים אֲשֶׁר בְּכָל־מְדִינוֹת הַמֶּלֶךְ: ו כִּי אֵיכָכָה אוּכַל וְרָאִיתִי בָּרָעָה אֲשֶׁר־יִמְצָא אֶת־עַמִּי וְאֵיכָכָה אוּכַל וְרָאִיתִי בְּאָבְדַן מוֹלַדְתִּי: ס ז וַיֹּאמֶר הַמֶּלֶךְ אֲחַשְׁוֵרוֹשׁ לְאֶסְתֵּר הַמַּלְכָּה וּלְמָרְדֳּכַי הַיְּהוּדִי הִנֵּה בֵית־הָמָן נָתַתִּי לְאֶסְתֵּר וְאֹתוֹ תָּלוּ עַל־הָעֵץ עַל אֲשֶׁר־שָׁלַח יָדוֹ (בַּיְּהוּדִיִּים)

כָּכָה יֵעָשֶׂה לָאִישׁ אֲשֶׁר הַמֶּלֶךְ חָפֵץ בִּיקָרוֹ: י וַיֹּאמֶר הַמֶּלֶךְ לְהָמָן מַהֵר קַח אֶת־הַלְּבוּשׁ וְאֶת־הַסּוּס כַּאֲשֶׁר דִּבַּרְתָּ וַעֲשֵׂה־כֵן לְמׇרְדֳּכַי הַיְּהוּדִי הַיּוֹשֵׁב בְּשַׁעַר הַמֶּלֶךְ אַל־תַּפֵּל דָּבָר מִכֹּל אֲשֶׁר דִּבַּרְתָּ: יא וַיִּקַּח הָמָן אֶת־הַלְּבוּשׁ וְאֶת־הַסּוּס וַיַּלְבֵּשׁ אֶת־מׇרְדֳּכָי וַיַּרְכִּיבֵהוּ בִּרְחוֹב הָעִיר וַיִּקְרָא לְפָנָיו כָּכָה יֵעָשֶׂה לָאִישׁ אֲשֶׁר הַמֶּלֶךְ חָפֵץ בִּיקָרוֹ: יב וַיָּשׇׁב מׇרְדֳּכַי אֶל־שַׁעַר הַמֶּלֶךְ וְהָמָן נִדְחַף אֶל־בֵּיתוֹ אָבֵל וַחֲפוּי רֹאשׁ: יג וַיְסַפֵּר הָמָן לְזֶרֶשׁ אִשְׁתּוֹ וּלְכׇל־אֹהֲבָיו אֵת כׇּל־אֲשֶׁר קָרָהוּ וַיֹּאמְרוּ לוֹ חֲכָמָיו וְזֶרֶשׁ אִשְׁתּוֹ אִם מִזֶּרַע הַיְּהוּדִים מׇרְדֳּכַי אֲשֶׁר הַחִלּוֹתָ לִנְפֹּל לְפָנָיו לֹא־תוּכַל לוֹ כִּי־נָפוֹל תִּפּוֹל לְפָנָיו: יד עוֹדָם מְדַבְּרִים עִמּוֹ וְסָרִיסֵי הַמֶּלֶךְ הִגִּיעוּ וַיַּבְהִלוּ לְהָבִיא אֶת־הָמָן אֶל־הַמִּשְׁתֶּה אֲשֶׁר־עָשְׂתָה אֶסְתֵּר:

ז

א וַיָּבֹא הַמֶּלֶךְ וְהָמָן לִשְׁתּוֹת עִם־אֶסְתֵּר הַמַּלְכָּה: ב וַיֹּאמֶר הַמֶּלֶךְ לְאֶסְתֵּר גַּם בַּיּוֹם הַשֵּׁנִי בְּמִשְׁתֵּה הַיַּיִן מַה־שְּׁאֵלָתֵךְ אֶסְתֵּר הַמַּלְכָּה וְתִנָּתֵן לָךְ וּמַה־בַּקָּשָׁתֵךְ עַד־חֲצִי הַמַּלְכוּת וְתֵעָשׂ: ג וַתַּעַן אֶסְתֵּר הַמַּלְכָּה וַתֹּאמַר אִם־מָצָאתִי חֵן בְּעֵינֶיךָ הַמֶּלֶךְ וְאִם־עַל־הַמֶּלֶךְ טוֹב תִּנָּתֶן־לִי נַפְשִׁי בִּשְׁאֵלָתִי וְעַמִּי בְּבַקָּשָׁתִי: ד כִּי נִמְכַּרְנוּ אֲנִי וְעַמִּי לְהַשְׁמִיד לַהֲרוֹג וּלְאַבֵּד וְאִלּוּ לַעֲבָדִים וְלִשְׁפָחוֹת נִמְכַּרְנוּ הֶחֱרַשְׁתִּי כִּי אֵין הַצָּר שֹׁוֶה בְּנֵזֶק הַמֶּלֶךְ: ס ה וַיֹּאמֶר הַמֶּלֶךְ אֲחַשְׁוֵרוֹשׁ וַיֹּאמֶר לְאֶסְתֵּר הַמַּלְכָּה מִי הוּא זֶה וְאֵי־זֶה הוּא אֲשֶׁר־מְלָאוֹ לִבּוֹ לַעֲשׂוֹת כֵּן: ו וַתֹּאמֶר־אֶסְתֵּר אִישׁ צַר וְאוֹיֵב הָמָן הָרָע הַזֶּה וְהָמָן נִבְעַת מִלִּפְנֵי הַמֶּלֶךְ וְהַמַּלְכָּה: ז וְהַמֶּלֶךְ קָם בַּחֲמָתוֹ מִמִּשְׁתֵּה הַיַּיִן אֶל־גִּנַּת הַבִּיתָן וְהָמָן עָמַד לְבַקֵּשׁ עַל־נַפְשׁוֹ מֵאֶסְתֵּר הַמַּלְכָּה כִּי רָאָה

הַמֶּלֶךְ: יב וַיֹּאמֶר הָמָן אַף לֹא־הֵבִיאָה אֶסְתֵּר הַמַּלְכָּה עִם־הַמֶּלֶךְ אֶל־הַמִּשְׁתֶּה אֲשֶׁר־עָשָׂתָה כִּי אִם־אוֹתִי וְגַם־לְמָחָר אֲנִי קָרוּא־לָהּ עִם־הַמֶּלֶךְ: יג וְכָל־זֶה אֵינֶנּוּ שֹׁוֶה לִי בְּכָל־עֵת אֲשֶׁר אֲנִי רֹאֶה אֶת־מָרְדֳּכַי הַיְּהוּדִי יוֹשֵׁב בְּשַׁעַר הַמֶּלֶךְ: יד וַתֹּאמֶר לוֹ זֶרֶשׁ אִשְׁתּוֹ וְכָל־אֹהֲבָיו יַעֲשׂוּ־עֵץ גָּבֹהַּ חֲמִשִּׁים אַמָּה וּבַבֹּקֶר ׀ אֱמֹר לַמֶּלֶךְ וְיִתְלוּ אֶת־מָרְדֳּכַי עָלָיו וּבֹא־עִם־הַמֶּלֶךְ אֶל־הַמִּשְׁתֶּה שָׂמֵחַ וַיִּיטַב הַדָּבָר לִפְנֵי הָמָן וַיַּעַשׂ הָעֵץ: ס

ו

א בַּלַּיְלָה הַהוּא נָדְדָה שְׁנַת הַמֶּלֶךְ וַיֹּאמֶר לְהָבִיא אֶת־סֵפֶר הַזִּכְרֹנוֹת דִּבְרֵי הַיָּמִים וַיִּהְיוּ נִקְרָאִים לִפְנֵי הַמֶּלֶךְ: ב וַיִּמָּצֵא כָתוּב אֲשֶׁר הִגִּיד מָרְדֳּכַי עַל־בִּגְתָנָא וָתֶרֶשׁ שְׁנֵי סָרִיסֵי הַמֶּלֶךְ מִשֹּׁמְרֵי הַסַּף אֲשֶׁר בִּקְשׁוּ לִשְׁלֹחַ יָד בַּמֶּלֶךְ אֲחַשְׁוֵרוֹשׁ: ג וַיֹּאמֶר הַמֶּלֶךְ מַה־נַּעֲשָׂה יְקָר וּגְדוּלָּה לְמָרְדֳּכַי עַל־זֶה וַיֹּאמְרוּ נַעֲרֵי הַמֶּלֶךְ מְשָׁרְתָיו לֹא־נַעֲשָׂה עִמּוֹ דָּבָר: ד וַיֹּאמֶר הַמֶּלֶךְ מִי בֶחָצֵר וְהָמָן בָּא לַחֲצַר בֵּית־הַמֶּלֶךְ הַחִיצוֹנָה לֵאמֹר לַמֶּלֶךְ לִתְלוֹת אֶת־מָרְדֳּכַי עַל־הָעֵץ אֲשֶׁר־הֵכִין לוֹ: ה וַיֹּאמְרוּ נַעֲרֵי הַמֶּלֶךְ אֵלָיו הִנֵּה הָמָן עֹמֵד בֶּחָצֵר וַיֹּאמֶר הַמֶּלֶךְ יָבוֹא: ו וַיָּבוֹא הָמָן וַיֹּאמֶר לוֹ הַמֶּלֶךְ מַה־לַּעֲשׂוֹת בָּאִישׁ אֲשֶׁר הַמֶּלֶךְ חָפֵץ בִּיקָרוֹ וַיֹּאמֶר הָמָן בְּלִבּוֹ לְמִי יַחְפֹּץ הַמֶּלֶךְ לַעֲשׂוֹת יְקָר יוֹתֵר מִמֶּנִּי: ז וַיֹּאמֶר הָמָן אֶל־הַמֶּלֶךְ אִישׁ אֲשֶׁר הַמֶּלֶךְ חָפֵץ בִּיקָרוֹ: ח יָבִיאוּ לְבוּשׁ מַלְכוּת אֲשֶׁר לָבַשׁ־בּוֹ הַמֶּלֶךְ וְסוּס אֲשֶׁר רָכַב עָלָיו הַמֶּלֶךְ וַאֲשֶׁר נִתַּן כֶּתֶר מַלְכוּת בְּרֹאשׁוֹ: ט וְנָתוֹן הַלְּבוּשׁ וְהַסּוּס עַל־יַד־אִישׁ מִשָּׂרֵי הַמֶּלֶךְ הַפַּרְתְּמִים וְהִלְבִּישׁוּ אֶת־הָאִישׁ אֲשֶׁר הַמֶּלֶךְ חָפֵץ בִּיקָרוֹ וְהִרְכִּיבֻהוּ עַל־הַסּוּס בִּרְחוֹב הָעִיר וְקָרְאוּ לְפָנָיו

וְאַל־תִּשְׁתּוּ שְׁלֹשֶׁת יָמִים לַיְלָה וָיוֹם גַּם־אֲנִי וְנַעֲרֹתַי אָצוּם כֵּן וּבְכֵן אָבוֹא אֶל־הַמֶּלֶךְ אֲשֶׁר לֹא־כַדָּת וְכַאֲשֶׁר אָבַדְתִּי אָבָדְתִּי: יז וַיַּעֲבֹר מָרְדֳּכָי וַיַּעַשׂ כְּכֹל אֲשֶׁר־צִוְּתָה עָלָיו אֶסְתֵּר:

ה

א וַיְהִי ׀ בַּיּוֹם הַשְּׁלִישִׁי וַתִּלְבַּשׁ אֶסְתֵּר מַלְכוּת וַתַּעֲמֹד בַּחֲצַר בֵּית־הַמֶּלֶךְ הַפְּנִימִית נֹכַח בֵּית הַמֶּלֶךְ וְהַמֶּלֶךְ יוֹשֵׁב עַל־כִּסֵּא מַלְכוּתוֹ בְּבֵית הַמַּלְכוּת נֹכַח פֶּתַח הַבָּיִת: ב וַיְהִי כִרְאוֹת הַמֶּלֶךְ אֶת־אֶסְתֵּר הַמַּלְכָּה עֹמֶדֶת בֶּחָצֵר נָשְׂאָה חֵן בְּעֵינָיו וַיּוֹשֶׁט הַמֶּלֶךְ לְאֶסְתֵּר אֶת־שַׁרְבִיט הַזָּהָב אֲשֶׁר בְּיָדוֹ וַתִּקְרַב אֶסְתֵּר וַתִּגַּע בְּרֹאשׁ הַשַּׁרְבִיט: ג וַיֹּאמֶר לָהּ הַמֶּלֶךְ מַה־לָּךְ אֶסְתֵּר הַמַּלְכָּה וּמַה־בַּקָּשָׁתֵךְ עַד־חֲצִי הַמַּלְכוּת וְיִנָּתֵן לָךְ: ד וַתֹּאמֶר אֶסְתֵּר אִם־עַל־הַמֶּלֶךְ טוֹב יָבוֹא הַמֶּלֶךְ וְהָמָן הַיּוֹם אֶל־הַמִּשְׁתֶּה אֲשֶׁר־עָשִׂיתִי לוֹ: ה וַיֹּאמֶר הַמֶּלֶךְ מַהֲרוּ אֶת־הָמָן לַעֲשׂוֹת אֶת־דְּבַר אֶסְתֵּר וַיָּבֹא הַמֶּלֶךְ וְהָמָן אֶל־הַמִּשְׁתֶּה אֲשֶׁר־עָשְׂתָה אֶסְתֵּר: ו וַיֹּאמֶר הַמֶּלֶךְ לְאֶסְתֵּר בְּמִשְׁתֵּה הַיַּיִן מַה־שְּׁאֵלָתֵךְ וְיִנָּתֵן לָךְ וּמַה־בַּקָּשָׁתֵךְ עַד־חֲצִי הַמַּלְכוּת וְתֵעָשׂ: ז וַתַּעַן אֶסְתֵּר וַתֹּאמַר שְׁאֵלָתִי וּבַקָּשָׁתִי: ח אִם־מָצָאתִי חֵן בְּעֵינֵי הַמֶּלֶךְ וְאִם־עַל־הַמֶּלֶךְ טוֹב לָתֵת אֶת־שְׁאֵלָתִי וְלַעֲשׂוֹת אֶת־בַּקָּשָׁתִי יָבוֹא הַמֶּלֶךְ וְהָמָן אֶל־הַמִּשְׁתֶּה אֲשֶׁר אֶעֱשֶׂה לָהֶם וּמָחָר אֶעֱשֶׂה כִּדְבַר הַמֶּלֶךְ: ט וַיֵּצֵא הָמָן בַּיּוֹם הַהוּא שָׂמֵחַ וְטוֹב לֵב וְכִרְאוֹת הָמָן אֶת־מָרְדֳּכַי בְּשַׁעַר הַמֶּלֶךְ וְלֹא־קָם וְלֹא־זָע מִמֶּנּוּ וַיִּמָּלֵא הָמָן עַל־מָרְדֳּכַי חֵמָה: י וַיִּתְאַפַּק הָמָן וַיָּבוֹא אֶל־בֵּיתוֹ וַיִּשְׁלַח וַיָּבֵא אֶת־אֹהֲבָיו וְאֶת־זֶרֶשׁ אִשְׁתּוֹ: יא וַיְסַפֵּר לָהֶם הָמָן אֶת־כְּבוֹד עָשְׁרוֹ וְרֹב בָּנָיו וְאֵת כָּל־אֲשֶׁר גִּדְּלוֹ הַמֶּלֶךְ וְאֵת אֲשֶׁר נִשְּׂאוֹ עַל־הַשָּׂרִים וְעַבְדֵי

שָׂק וָאֵפֶר וַיֵּצֵא בְּתוֹךְ הָעִיר וַיִּזְעַק זְעָקָה גְדֹלָה וּמָרָה: ב וַיָּבוֹא עַד לִפְנֵי שַׁעַר־הַמֶּלֶךְ כִּי אֵין לָבוֹא אֶל־שַׁעַר הַמֶּלֶךְ בִּלְבוּשׁ שָׂק: ג וּבְכָל־מְדִינָה וּמְדִינָה מְקוֹם אֲשֶׁר דְּבַר־הַמֶּלֶךְ וְדָתוֹ מַגִּיעַ אֵבֶל גָּדוֹל לַיְּהוּדִים וְצוֹם וּבְכִי וּמִסְפֵּד שַׂק וָאֵפֶר יֻצַּע לָרַבִּים: ד (וַתְּבוֹאֶינָה) וַתָּבוֹאנָה נַעֲרוֹת אֶסְתֵּר וְסָרִיסֶיהָ וַיַּגִּידוּ לָהּ וַתִּתְחַלְחַל הַמַּלְכָּה מְאֹד וַתִּשְׁלַח בְּגָדִים לְהַלְבִּישׁ אֶת־מָרְדֳּכַי וּלְהָסִיר שַׂקּוֹ מֵעָלָיו וְלֹא קִבֵּל: ה וַתִּקְרָא אֶסְתֵּר לַהֲתָךְ מִסָּרִיסֵי הַמֶּלֶךְ אֲשֶׁר הֶעֱמִיד לְפָנֶיהָ וַתְּצַוֵּהוּ עַל־מָרְדֳּכָי לָדַעַת מַה־זֶּה וְעַל־מַה־זֶּה: ו וַיֵּצֵא הֲתָךְ אֶל־מָרְדֳּכָי אֶל־רְחוֹב הָעִיר אֲשֶׁר לִפְנֵי שַׁעַר־הַמֶּלֶךְ: ז וַיַּגֶּד־לוֹ מָרְדֳּכַי אֵת כָּל־אֲשֶׁר קָרָהוּ וְאֵת ׀ פָּרָשַׁת הַכֶּסֶף אֲשֶׁר אָמַר הָמָן לִשְׁקוֹל עַל־גִּנְזֵי הַמֶּלֶךְ (בַּיְּהוּדִים) בַּיְּהוּדִיִּים לְאַבְּדָם: ח וְאֶת־פַּתְשֶׁגֶן כְּתָב־הַדָּת אֲשֶׁר־נִתַּן בְּשׁוּשָׁן לְהַשְׁמִידָם נָתַן לוֹ לְהַרְאוֹת אֶת־אֶסְתֵּר וּלְהַגִּיד לָהּ וּלְצַוּוֹת עָלֶיהָ לָבוֹא אֶל־הַמֶּלֶךְ לְהִתְחַנֶּן־לוֹ וּלְבַקֵּשׁ מִלְּפָנָיו עַל־עַמָּהּ: ט וַיָּבוֹא הֲתָךְ וַיַּגֵּד לְאֶסְתֵּר אֵת דִּבְרֵי מָרְדֳּכָי: י וַתֹּאמֶר אֶסְתֵּר לַהֲתָךְ וַתְּצַוֵּהוּ אֶל־מָרְדֳּכָי: יא כָּל־עַבְדֵי הַמֶּלֶךְ וְעַם־מְדִינוֹת הַמֶּלֶךְ יוֹדְעִים אֲשֶׁר כָּל־אִישׁ וְאִשָּׁה אֲשֶׁר יָבוֹא־אֶל־הַמֶּלֶךְ אֶל־הֶחָצֵר הַפְּנִימִית אֲשֶׁר לֹא־יִקָּרֵא אַחַת דָּתוֹ לְהָמִית לְבַד מֵאֲשֶׁר יוֹשִׁיט־לוֹ הַמֶּלֶךְ אֶת־שַׁרְבִיט הַזָּהָב וְחָיָה וַאֲנִי לֹא נִקְרֵאתִי לָבוֹא אֶל־הַמֶּלֶךְ זֶה שְׁלוֹשִׁים יוֹם: יב וַיַּגִּידוּ לְמָרְדֳּכָי אֵת דִּבְרֵי אֶסְתֵּר: יג וַיֹּאמֶר מָרְדֳּכַי לְהָשִׁיב אֶל־אֶסְתֵּר אַל־תְּדַמִּי בְנַפְשֵׁךְ לְהִמָּלֵט בֵּית־הַמֶּלֶךְ מִכָּל־הַיְּהוּדִים: יד כִּי אִם־הַחֲרֵשׁ תַּחֲרִישִׁי בָּעֵת הַזֹּאת רֶוַח וְהַצָּלָה יַעֲמוֹד לַיְּהוּדִים מִמָּקוֹם אַחֵר וְאַתְּ וּבֵית־אָבִיךְ תֹּאבֵדוּ וּמִי יוֹדֵעַ אִם־לְעֵת כָּזֹאת הִגַּעַתְּ לַמַּלְכוּת: טו וַתֹּאמֶר אֶסְתֵּר לְהָשִׁיב אֶל־מָרְדֳּכָי: טז לֵךְ כְּנוֹס אֶת־כָּל־הַיְּהוּדִים הַנִּמְצְאִים בְּשׁוּשָׁן וְצוּמוּ עָלַי וְאַל־תֹּאכְלוּ

אֲשֶׁר בְּכָל־מַלְכוּת אֲחַשְׁוֵרוֹשׁ עַם מָרְדֳּכָי: ז בַּחֹדֶשׁ הָרִאשׁוֹן הוּא־חֹדֶשׁ נִיסָן בִּשְׁנַת שְׁתֵּים עֶשְׂרֵה לַמֶּלֶךְ אֲחַשְׁוֵרוֹשׁ הִפִּיל פּוּר הוּא הַגּוֹרָל לִפְנֵי הָמָן מִיּוֹם ׀ לְיוֹם וּמֵחֹדֶשׁ לְחֹדֶשׁ שְׁנֵים־עָשָׂר הוּא־חֹדֶשׁ אֲדָר: ס ח וַיֹּאמֶר הָמָן לַמֶּלֶךְ אֲחַשְׁוֵרוֹשׁ יֶשְׁנוֹ עַם־אֶחָד מְפֻזָּר וּמְפֹרָד בֵּין הָעַמִּים בְּכֹל מְדִינוֹת מַלְכוּתֶךָ וְדָתֵיהֶם שֹׁנוֹת מִכָּל־עָם וְאֶת־דָּתֵי הַמֶּלֶךְ אֵינָם עֹשִׂים וְלַמֶּלֶךְ אֵין־שֹׁוֶה לְהַנִּיחָם: ט אִם־עַל־הַמֶּלֶךְ טוֹב יִכָּתֵב לְאַבְּדָם וַעֲשֶׂרֶת אֲלָפִים כִּכַּר־כֶּסֶף אֶשְׁקוֹל עַל־יְדֵי עֹשֵׂי הַמְּלָאכָה לְהָבִיא אֶל־גִּנְזֵי הַמֶּלֶךְ: י וַיָּסַר הַמֶּלֶךְ אֶת־טַבַּעְתּוֹ מֵעַל יָדוֹ וַיִּתְּנָהּ לְהָמָן בֶּן־הַמְּדָתָא הָאֲגָגִי צֹרֵר הַיְּהוּדִים: יא וַיֹּאמֶר הַמֶּלֶךְ לְהָמָן הַכֶּסֶף נָתוּן לָךְ וְהָעָם לַעֲשׂוֹת בּוֹ כַּטּוֹב בְּעֵינֶיךָ: יב וַיִּקָּרְאוּ סֹפְרֵי הַמֶּלֶךְ בַּחֹדֶשׁ הָרִאשׁוֹן בִּשְׁלוֹשָׁה עָשָׂר יוֹם בּוֹ וַיִּכָּתֵב כְּכָל־אֲשֶׁר־צִוָּה הָמָן אֶל אֲחַשְׁדַּרְפְּנֵי־הַמֶּלֶךְ וְאֶל־הַפַּחוֹת אֲשֶׁר ׀ עַל־מְדִינָה וּמְדִינָה וְאֶל־שָׂרֵי עַם וָעָם מְדִינָה וּמְדִינָה כִּכְתָבָהּ וְעַם וָעָם כִּלְשׁוֹנוֹ בְּשֵׁם הַמֶּלֶךְ אֲחַשְׁוֵרֹשׁ נִכְתָּב וְנֶחְתָּם בְּטַבַּעַת הַמֶּלֶךְ: יג וְנִשְׁלוֹחַ סְפָרִים בְּיַד הָרָצִים אֶל־כָּל־מְדִינוֹת הַמֶּלֶךְ לְהַשְׁמִיד לַהֲרֹג וּלְאַבֵּד אֶת־כָּל־הַיְּהוּדִים מִנַּעַר וְעַד־זָקֵן טַף וְנָשִׁים בְּיוֹם אֶחָד בִּשְׁלוֹשָׁה עָשָׂר לְחֹדֶשׁ שְׁנֵים־עָשָׂר הוּא־חֹדֶשׁ אֲדָר וּשְׁלָלָם לָבוֹז: יד פַּתְשֶׁגֶן הַכְּתָב לְהִנָּתֵן דָּת בְּכָל־מְדִינָה וּמְדִינָה גָּלוּי לְכָל־הָעַמִּים לִהְיוֹת עֲתִדִים לַיּוֹם הַזֶּה: טו הָרָצִים יָצְאוּ דְחוּפִים בִּדְבַר הַמֶּלֶךְ וְהַדָּת נִתְּנָה בְּשׁוּשַׁן הַבִּירָה וְהַמֶּלֶךְ וְהָמָן יָשְׁבוּ לִשְׁתּוֹת וְהָעִיר שׁוּשָׁן נָבוֹכָה: ס

ד

א וּמָרְדֳּכַי יָדַע אֶת־כָּל־אֲשֶׁר נַעֲשָׂה וַיִּקְרַע מָרְדֳּכַי אֶת־בְּגָדָיו וַיִּלְבַּשׁ

מַלְכוּתוֹ בַּחֹדֶשׁ הָעֲשִׂירִי הוּא-חֹדֶשׁ טֵבֵת בִּשְׁנַת-שֶׁבַע לְמַלְכוּתוֹ: יז וַיֶּאֱהַב הַמֶּלֶךְ אֶת-אֶסְתֵּר מִכָּל-הַנָּשִׁים וַתִּשָּׂא-חֵן וָחֶסֶד לְפָנָיו מִכָּל-הַבְּתוּלֹת וַיָּשֶׂם כֶּתֶר-מַלְכוּת בְּרֹאשָׁהּ וַיַּמְלִיכֶהָ תַּחַת וַשְׁתִּי: יח וַיַּעַשׂ הַמֶּלֶךְ מִשְׁתֶּה גָדוֹל לְכָל-שָׂרָיו וַעֲבָדָיו אֵת מִשְׁתֵּה אֶסְתֵּר וַהֲנָחָה לַמְּדִינוֹת עָשָׂה וַיִּתֵּן מַשְׂאֵת כְּיַד הַמֶּלֶךְ: יט וּבְהִקָּבֵץ בְּתוּלוֹת שֵׁנִית וּמָרְדֳּכַי יֹשֵׁב בְּשַׁעַר-הַמֶּלֶךְ: כ אֵין אֶסְתֵּר מַגֶּדֶת מוֹלַדְתָּהּ וְאֶת-עַמָּהּ כַּאֲשֶׁר צִוָּה עָלֶיהָ מָרְדֳּכָי וְאֶת-מַאֲמַר מָרְדֳּכַי אֶסְתֵּר עֹשָׂה כַּאֲשֶׁר הָיְתָה בְאָמְנָה אִתּוֹ: ס כא בַּיָּמִים הָהֵם וּמָרְדֳּכַי יֹשֵׁב בְּשַׁעַר-הַמֶּלֶךְ קָצַף בִּגְתָן וָתֶרֶשׁ שְׁנֵי-סָרִיסֵי הַמֶּלֶךְ מִשֹּׁמְרֵי הַסַּף וַיְבַקְשׁוּ לִשְׁלֹחַ יָד בַּמֶּלֶךְ אֲחַשְׁוֵרֹשׁ: כב וַיִּוָּדַע הַדָּבָר לְמָרְדֳּכַי וַיַּגֵּד לְאֶסְתֵּר הַמַּלְכָּה וַתֹּאמֶר אֶסְתֵּר לַמֶּלֶךְ בְּשֵׁם מָרְדֳּכָי: כג וַיְבֻקַּשׁ הַדָּבָר וַיִּמָּצֵא וַיִּתָּלוּ שְׁנֵיהֶם עַל-עֵץ וַיִּכָּתֵב בְּסֵפֶר דִּבְרֵי הַיָּמִים לִפְנֵי הַמֶּלֶךְ: ס

ג

א אַחַר ׀ הַדְּבָרִים הָאֵלֶּה גִּדַּל הַמֶּלֶךְ אֲחַשְׁוֵרוֹשׁ אֶת-הָמָן בֶּן-הַמְּדָתָא הָאֲגָגִי וַיְנַשְּׂאֵהוּ וַיָּשֶׂם אֶת-כִּסְאוֹ מֵעַל כָּל-הַשָּׂרִים אֲשֶׁר אִתּוֹ: ב וְכָל-עַבְדֵי הַמֶּלֶךְ אֲשֶׁר-בְּשַׁעַר הַמֶּלֶךְ כֹּרְעִים וּמִשְׁתַּחֲוִים לְהָמָן כִּי-כֵן צִוָּה-לוֹ הַמֶּלֶךְ וּמָרְדֳּכַי לֹא יִכְרַע וְלֹא יִשְׁתַּחֲוֶה: ג וַיֹּאמְרוּ עַבְדֵי הַמֶּלֶךְ אֲשֶׁר-בְּשַׁעַר הַמֶּלֶךְ לְמָרְדֳּכָי מַדּוּעַ אַתָּה עוֹבֵר אֵת מִצְוַת הַמֶּלֶךְ: ד וַיְהִי (באמרם) כְּאָמְרָם אֵלָיו יוֹם וָיוֹם וְלֹא שָׁמַע אֲלֵיהֶם וַיַּגִּידוּ לְהָמָן לִרְאוֹת הֲיַעַמְדוּ דִּבְרֵי מָרְדֳּכַי כִּי-הִגִּיד לָהֶם אֲשֶׁר-הוּא יְהוּדִי: ה וַיַּרְא הָמָן כִּי-אֵין מָרְדֳּכַי כֹּרֵעַ וּמִשְׁתַּחֲוֶה לוֹ וַיִּמָּלֵא הָמָן חֵמָה: ו וַיִּבֶז בְּעֵינָיו לִשְׁלֹחַ יָד בְּמָרְדֳּכַי לְבַדּוֹ כִּי-הִגִּידוּ לוֹ אֶת-עַם מָרְדֳּכָי וַיְבַקֵּשׁ הָמָן לְהַשְׁמִיד אֶת-כָּל-הַיְּהוּדִים

ה **אִישׁ יְהוּדִ֗י הָיָ֖ה בְּשׁוּשַׁ֣ן הַבִּירָ֑ה וּשְׁמ֣וֹ מָרְדֳּכַ֗י בֶּ֣ן יָאִ֧יר בֶּן־שִׁמְעִ֛י בֶּן־קִ֖ישׁ אִ֥ישׁ יְמִינִֽי׃** ו אֲשֶׁ֤ר הׇגְלָה֙ מִיר֣וּשָׁלַ֔יִם עִם־הַגֹּלָה֙ אֲשֶׁ֣ר הׇגְלְתָ֔ה עִ֖ם יְכׇנְיָ֣ה מֶֽלֶךְ־יְהוּדָ֑ה אֲשֶׁ֣ר הֶגְלָ֔ה נְבוּכַדְנֶאצַּ֖ר מֶ֥לֶךְ בָּבֶֽל׃ ז וַיְהִ֨י אֹמֵ֜ן אֶת־הֲדַסָּ֗ה הִ֤יא אֶסְתֵּר֙ בַּת־דֹּד֔וֹ כִּ֛י אֵ֥ין לָ֖הּ אָ֣ב וָאֵ֑ם וְהַנַּעֲרָ֤ה יְפַת־תֹּ֙אַר֙ וְטוֹבַ֣ת מַרְאֶ֔ה וּבְמ֤וֹת אָבִ֙יהָ֙ וְאִמָּ֔הּ לְקָחָ֧הּ מׇרְדֳּכַ֛י ל֖וֹ לְבַֽת׃ ח וַיְהִ֗י בְּהִשָּׁמַ֤ע דְּבַר־הַמֶּ֙לֶךְ֙ וְדָת֔וֹ וּֽבְהִקָּבֵ֞ץ נְעָר֥וֹת רַבּ֛וֹת אֶל־שׁוּשַׁ֥ן הַבִּירָ֖ה אֶל־יַ֣ד הֵגָ֑י וַתִּלָּקַ֤ח אֶסְתֵּר֙ אֶל־בֵּ֣ית הַמֶּ֔לֶךְ אֶל־יַ֥ד הֵגַ֖י שֹׁמֵ֥ר הַנָּשִֽׁים׃ ט וַתִּיטַ֨ב הַנַּעֲרָ֣ה בְעֵינָיו֮ וַתִּשָּׂ֣א חֶ֣סֶד לְפָנָיו֒ וַ֠יְבַהֵ֠ל אֶת־תַּמְרוּקֶ֤יהָ וְאֶת־מָנוֹתֶ֙הָ֙ לָתֵ֣ת לָ֔הּ וְאֵת֙ שֶׁ֣בַע הַנְּעָר֔וֹת הָרְאֻי֥וֹת לָֽתֶת־לָ֖הּ מִבֵּ֣ית הַמֶּ֑לֶךְ וַיְשַׁנֶּ֧הָ וְאֶת־נַעֲרוֹתֶ֛יהָ לְט֖וֹב בֵּ֥ית הַנָּשִֽׁים׃ י לֹא־הִגִּ֣ידָה אֶסְתֵּ֔ר אֶת־עַמָּ֖הּ וְאֶת־מוֹלַדְתָּ֑הּ כִּ֧י מׇרְדֳּכַ֛י צִוָּ֥ה עָלֶ֖יהָ אֲשֶׁ֥ר לֹא־תַגִּֽיד׃ יא וּבְכׇל־י֣וֹם וָי֔וֹם מׇרְדֳּכַי֙ מִתְהַלֵּ֔ךְ לִפְנֵ֖י חֲצַ֣ר בֵּית־הַנָּשִׁ֑ים לָדַ֗עַת אֶת־שְׁל֣וֹם אֶסְתֵּ֔ר וּמַה־יֵּעָשֶׂ֖ה בָּֽהּ׃ יב וּבְהַגִּ֡יעַ תֹּר֩ נַעֲרָ֨ה וְנַעֲרָ֜ה לָב֣וֹא ׀ אֶל־הַמֶּ֣לֶךְ אֲחַשְׁוֵר֗וֹשׁ מִקֵּץ֩ הֱי֨וֹת לָ֜הּ כְּדָ֤ת הַנָּשִׁים֙ שְׁנֵ֣ים עָשָׂ֣ר חֹ֔דֶשׁ כִּ֛י כֵּ֥ן יִמְלְא֖וּ יְמֵ֣י מְרוּקֵיהֶ֑ן שִׁשָּׁ֤ה חֳדָשִׁים֙ בְּשֶׁ֣מֶן הַמֹּ֔ר וְשִׁשָּׁ֤ה חֳדָשִׁים֙ בַּבְּשָׂמִ֔ים וּבְתַמְרוּקֵ֖י הַנָּשִֽׁים׃ יג וּבָזֶ֕ה הַֽנַּעֲרָ֖ה בָּאָ֣ה אֶל־הַמֶּ֑לֶךְ אֵת֩ כׇּל־אֲשֶׁ֨ר תֹּאמַ֜ר יִנָּ֤תֵֽן לָהּ֙ לָב֣וֹא עִמָּ֔הּ מִבֵּ֥ית הַנָּשִׁ֖ים עַד־בֵּ֥ית הַמֶּֽלֶךְ׃ יד בָּעֶ֣רֶב ׀ הִ֣יא בָאָ֗ה וּ֠בַבֹּ֠קֶר הִ֣יא שָׁבָ֞ה אֶל־בֵּ֤ית הַנָּשִׁים֙ שֵׁנִ֔י אֶל־יַ֧ד שַֽׁעֲשְׁגַ֛ז סְרִ֥יס הַמֶּ֖לֶךְ שֹׁמֵ֣ר הַפִּֽילַגְשִׁ֑ים לֹא־תָב֥וֹא עוֹד֙ אֶל־הַמֶּ֔לֶךְ כִּ֣י אִם־חָפֵ֥ץ בָּ֛הּ הַמֶּ֖לֶךְ וְנִקְרְאָ֥ה בְשֵֽׁם׃ טו וּבְהַגִּ֣יעַ תֹּר־אֶסְתֵּ֣ר בַּת־אֲבִיחַ֣יִל דֹּ֣ד מׇרְדֳּכַ֡י אֲשֶׁר֩ לָקַֽח־ל֨וֹ לְבַ֜ת לָב֣וֹא אֶל־הַמֶּ֗לֶךְ לֹ֤א בִקְשָׁה֙ דָּבָ֔ר כִּ֠י אִ֣ם אֶת־אֲשֶׁ֥ר יֹאמַ֛ר הֵגַ֥י סְרִיס־הַמֶּ֖לֶךְ שֹׁמֵ֣ר הַנָּשִׁ֑ים וַתְּהִ֤י אֶסְתֵּר֙ נֹשֵׂ֣את חֵ֔ן בְּעֵינֵ֖י כׇּל־רֹאֶֽיהָ׃ טז וַתִּלָּקַ֨ח אֶסְתֵּ֜ר אֶל־הַמֶּ֤לֶךְ אֲחַשְׁוֵרוֹשׁ֙ אֶל־בֵּ֣ית

בַּמַּלְכָּה וַשְׁתִּי עַל ׀ אֲשֶׁר לֹא-עָשְׂתָה אֶת-מַאֲמַר הַמֶּלֶךְ אֲחַשְׁוֵרוֹשׁ בְּיַד הַסָּרִיסִים: ס טז וַיֹּאמֶר (מומכן) מְמוּכָן לִפְנֵי הַמֶּלֶךְ וְהַשָּׂרִים לֹא עַל-הַמֶּלֶךְ לְבַדּוֹ עָוְתָה וַשְׁתִּי הַמַּלְכָּה כִּי עַל-כָּל-הַשָּׂרִים וְעַל-כָּל-הָעַמִּים אֲשֶׁר בְּכָל-מְדִינוֹת הַמֶּלֶךְ אֲחַשְׁוֵרוֹשׁ: יז כִּי-יֵצֵא דְבַר-הַמַּלְכָּה עַל-כָּל-הַנָּשִׁים לְהַבְזוֹת בַּעְלֵיהֶן בְּעֵינֵיהֶן בְּאָמְרָם הַמֶּלֶךְ אֲחַשְׁוֵרוֹשׁ אָמַר לְהָבִיא אֶת-וַשְׁתִּי הַמַּלְכָּה לְפָנָיו וְלֹא-בָאָה: יח וְהַיּוֹם הַזֶּה תֹּאמַרְנָה ׀ שָׂרוֹת פָּרַס-וּמָדַי אֲשֶׁר שָׁמְעוּ אֶת-דְּבַר הַמַּלְכָּה לְכֹל שָׂרֵי הַמֶּלֶךְ וּכְדַי בִּזָּיוֹן וָקָצֶף: יט אִם-עַל-הַמֶּלֶךְ טוֹב יֵצֵא דְבַר-מַלְכוּת מִלְּפָנָיו וְיִכָּתֵב בְּדָתֵי פָרַס-וּמָדַי וְלֹא יַעֲבוֹר אֲשֶׁר לֹא-תָבוֹא וַשְׁתִּי לִפְנֵי הַמֶּלֶךְ אֲחַשְׁוֵרוֹשׁ וּמַלְכוּתָהּ יִתֵּן הַמֶּלֶךְ לִרְעוּתָהּ הַטּוֹבָה מִמֶּנָּה: כ וְנִשְׁמַע פִּתְגָם הַמֶּלֶךְ אֲשֶׁר-יַעֲשֶׂה בְּכָל-מַלְכוּתוֹ כִּי רַבָּה הִיא וְכָל-הַנָּשִׁים יִתְּנוּ יְקָר לְבַעְלֵיהֶן לְמִגָּדוֹל וְעַד-קָטָן: כא וַיִּיטַב הַדָּבָר בְּעֵינֵי הַמֶּלֶךְ וְהַשָּׂרִים וַיַּעַשׂ הַמֶּלֶךְ כִּדְבַר מְמוּכָן: כב וַיִּשְׁלַח סְפָרִים אֶל-כָּל-מְדִינוֹת הַמֶּלֶךְ אֶל-מְדִינָה וּמְדִינָה כִּכְתָבָהּ וְאֶל-עַם וָעָם כִּלְשׁוֹנוֹ לִהְיוֹת כָּל-אִישׁ שֹׂרֵר בְּבֵיתוֹ וּמְדַבֵּר כִּלְשׁוֹן עַמּוֹ: ס

ב

א אַחַר הַדְּבָרִים הָאֵלֶּה כְּשֹׁךְ חֲמַת הַמֶּלֶךְ אֲחַשְׁוֵרוֹשׁ זָכַר אֶת-וַשְׁתִּי וְאֵת אֲשֶׁר-עָשָׂתָה וְאֵת אֲשֶׁר-נִגְזַר עָלֶיהָ: ב וַיֹּאמְרוּ נַעֲרֵי-הַמֶּלֶךְ מְשָׁרְתָיו יְבַקְשׁוּ לַמֶּלֶךְ נְעָרוֹת בְּתוּלוֹת טוֹבוֹת מַרְאֶה: ג וְיַפְקֵד הַמֶּלֶךְ פְּקִידִים בְּכָל-מְדִינוֹת מַלְכוּתוֹ וְיִקְבְּצוּ אֶת-כָּל-נַעֲרָה-בְתוּלָה טוֹבַת מַרְאֶה אֶל-שׁוּשַׁן הַבִּירָה אֶל-בֵּית הַנָּשִׁים אֶל-יַד הֵגֶא סְרִיס הַמֶּלֶךְ שֹׁמֵר הַנָּשִׁים וְנָתוֹן תַּמְרוּקֵיהֶן: ד וְהַנַּעֲרָה אֲשֶׁר תִּיטַב בְּעֵינֵי הַמֶּלֶךְ תִּמְלֹךְ תַּחַת וַשְׁתִּי וַיִּיטַב הַדָּבָר בְּעֵינֵי הַמֶּלֶךְ וַיַּעַשׂ כֵּן: ס

פרק-א

א וַיְהִי בִּימֵי אֲחַשְׁוֵרוֹשׁ הוּא אֲחַשְׁוֵרוֹשׁ הַמֹּלֵךְ מֵהֹדּוּ וְעַד־כּוּשׁ שֶׁבַע וְעֶשְׂרִים וּמֵאָה מְדִינָה: ב בַּיָּמִים הָהֵם כְּשֶׁבֶת ׀ הַמֶּלֶךְ אֲחַשְׁוֵרוֹשׁ עַל כִּסֵּא מַלְכוּתוֹ אֲשֶׁר בְּשׁוּשַׁן הַבִּירָה: ג בִּשְׁנַת שָׁלוֹשׁ לְמָלְכוֹ עָשָׂה מִשְׁתֶּה לְכָל־שָׂרָיו וַעֲבָדָיו חֵיל ׀ פָּרַס וּמָדַי הַפַּרְתְּמִים וְשָׂרֵי הַמְּדִינוֹת לְפָנָיו: ד בְּהַרְאֹתוֹ אֶת־עֹשֶׁר כְּבוֹד מַלְכוּתוֹ וְאֶת־יְקָר תִּפְאֶרֶת גְּדוּלָּתוֹ יָמִים רַבִּים שְׁמוֹנִים וּמְאַת יוֹם: ה וּבִמְלוֹאת ׀ הַיָּמִים הָאֵלֶּה עָשָׂה הַמֶּלֶךְ לְכָל־הָעָם הַנִּמְצְאִים בְּשׁוּשַׁן הַבִּירָה לְמִגָּדוֹל וְעַד־קָטָן מִשְׁתֶּה שִׁבְעַת יָמִים בַּחֲצַר גִּנַּת בִּיתַן הַמֶּלֶךְ: ו חוּר ׀ כַּרְפַּס וּתְכֵלֶת אָחוּז בְּחַבְלֵי־בוּץ וְאַרְגָּמָן עַל־גְּלִילֵי כֶסֶף וְעַמּוּדֵי שֵׁשׁ מִטּוֹת ׀ זָהָב וָכֶסֶף עַל רִצְפַת בַּהַט־וָשֵׁשׁ וְדַר וְסֹחָרֶת: ז וְהַשְׁקוֹת בִּכְלֵי זָהָב וְכֵלִים מִכֵּלִים שׁוֹנִים וְיֵין מַלְכוּת רָב כְּיַד הַמֶּלֶךְ: ח וְהַשְּׁתִיָּה כַדָּת אֵין אֹנֵס כִּי־כֵן ׀ יִסַּד הַמֶּלֶךְ עַל כָּל־רַב בֵּיתוֹ לַעֲשׂוֹת כִּרְצוֹן אִישׁ־וָאִישׁ: ס ט גַּם וַשְׁתִּי הַמַּלְכָּה עָשְׂתָה מִשְׁתֵּה נָשִׁים בֵּית הַמַּלְכוּת אֲשֶׁר לַמֶּלֶךְ אֲחַשְׁוֵרוֹשׁ: י בַּיּוֹם הַשְּׁבִיעִי כְּטוֹב לֵב־הַמֶּלֶךְ בַּיָּיִן אָמַר לִמְהוּמָן בִּזְּתָא חַרְבוֹנָא בִּגְתָא וַאֲבַגְתָא זֵתַר וְכַרְכַּס שִׁבְעַת הַסָּרִיסִים הַמְשָׁרְתִים אֶת־פְּנֵי הַמֶּלֶךְ אֲחַשְׁוֵרוֹשׁ: יא לְהָבִיא אֶת־וַשְׁתִּי הַמַּלְכָּה לִפְנֵי הַמֶּלֶךְ בְּכֶתֶר מַלְכוּת לְהַרְאוֹת הָעַמִּים וְהַשָּׂרִים אֶת־יָפְיָהּ כִּי־טוֹבַת מַרְאֶה הִיא: יב וַתְּמָאֵן הַמַּלְכָּה וַשְׁתִּי לָבוֹא בִּדְבַר הַמֶּלֶךְ אֲשֶׁר בְּיַד הַסָּרִיסִים וַיִּקְצֹף הַמֶּלֶךְ מְאֹד וַחֲמָתוֹ בָּעֲרָה בוֹ: ס יג וַיֹּאמֶר הַמֶּלֶךְ לַחֲכָמִים יֹדְעֵי הָעִתִּים כִּי־כֵן דְּבַר הַמֶּלֶךְ לִפְנֵי כָּל־יֹדְעֵי דָּת וָדִין: יד וְהַקָּרֹב אֵלָיו כַּרְשְׁנָא שֵׁתָר אַדְמָתָא תַרְשִׁישׁ מֶרֶס מַרְסְנָא מְמוּכָן שִׁבְעַת שָׂרֵי ׀ פָּרַס וּמָדַי רֹאֵי פְּנֵי הַמֶּלֶךְ הַיֹּשְׁבִים רִאשֹׁנָה בַּמַּלְכוּת: טו כְּדָת מַה־לַּעֲשׂוֹת

מְגִלַּת אֶסְתֵּר

Celui qui lit la Méguila, que ce soit de jour ou de nuit, récite trois bénédictions avant : **"Al Mikra Méguila"**, **"Ché'assa Nissim"** et **"Chéhé'hiyanou"**

(Selon la décision du Choul'han Aroukh, on ne récite pas "Chéhé'hiyanou" pour la lecture du jour. Cependant, si on ne l'a pas lue la nuit, on récite également "Chéhé'hiyanou" pendant le jour.)

Après l'avoir lu, on l'enroule complètement et on la place devant soi, et on récite la bénédiction **"Harav èt Rivénou"**, etc.

Il est de coutume de réciter cette bénédiction seulement en présence d'un minyan (un quorum de dix personnes).

בָּרוּךְ אַתָּה יְהֹוָה אֱלֹהֵינוּ מֶלֶךְ הָעוֹלָם, אֲשֶׁר קִדְּשָׁנוּ בְּמִצְוֹתָיו וְצִוָּנוּ עַל מִקְרָא מְגִלָּה:

בָּרוּךְ אַתָּה יְהֹוָה אֱלֹהֵינוּ מֶלֶךְ הָעוֹלָם. שֶׁעָשָׂה נִסִּים לַאֲבוֹתֵינוּ בַּיָּמִים הָהֵם בַּזְּמַן הַזֶּה:

(Selon la coutume Séfarades, on ne récite cette bénédiction que le soir.)

בָּרוּךְ אַתָּה יְהֹוָה אֱלֹהֵינוּ מֶלֶךְ הָעוֹלָם. שֶׁהֶחֱיָנוּ וְקִיְּמָנוּ וְהִגִּיעָנוּ לַזְּמַן הַזֶּה:

Pendant la récitation de la bénédiction de **"Chéhé'hiyanou"**, on pensera à s'acquitter également des Mitsvot de la distribution d'aumônes aux pauvres [Matanot Laévyonim], l'envoi de portions de nourriture [Michloa'h Manot] à ses amis, et la Mitsva du repas de Pourim [Séoudat Pourim].

Printed in France by Amazon
Brétigny-sur-Orge, FR

18582995R00033